Repenser
la République

Jean PAILLER

SOMMAIRE

AVANT-PROPOS

DE CETTE NOUVELLE EDITION

Lorsque j'ai entrepris l'écriture de ce livre – c'était au siècle dernier – quelqu'un m'a dit : « Mon pauvre ami, les bonnes idées politiques courent les rues, ce qui manque, ce sont les hommes capables de les appliquer ». Cela venait d'un homme dont le nom avait été associé à des actes politiques positifs, et qui désormais ne s'occupait plus que d'idées – et de livres.

Mon destin n'ayant pas été de descendre dans l'arène politique, j'ai persisté dans mon projet, dans le simple espoir qu'il puisse un jour aider quelqu'un à agir. Lorsque j'ai finalement publié mon travail, en l'an 2000, Jacques Chirac était président de la République et Lionel Jospin premier ministre. La « cohabitation » prévue par la Constitution s'exerçait dans un cadre relativement paisible. Le monde n'allait pas trop mal. J'imaginais que la conjonction de deux hommes d'Etat, antagonistes mais d'égale valeur, formés tous deux à la même école du Service Public, permettrait d'appliquer quelques idées neuves et consensuelles à l'organisation de la vie politique française, de manière à rendre les institutions plus efficaces et plus transparentes, et à restaurer la confiance des citoyens.

J'avais tort, Chirac, Jospin et leurs successeurs se sont bornés à faire de la politique, à gérer les affaires courantes, à rejeter sur le prédécesseur ou le voisin les difficultés rencontrées, à bricoler la constitution lorsqu'ils y voyaient un intérêt pour faire passer une solution politique ou préparer une échéance électorale. Quelques mois après la publication de mon livre, l'adoption du quinquennat, puis une « légère » modification du calendrier électoral ont placé la France dans une situation de guerre civile permanente, où l'élection d'un Président doté d'un formidable pouvoir occupe en permanence l'espace du débat démocratique.

Aujourd'hui, on veut introduire dans la Constitution des mesures propres à l'état d'urgence, pour ôter aux libertés publiques un peu de la protection qu'elles avaient réussi à conserver.

Eh bien non ! Non ! Et non ! Assez de bidouillages et de ravaudages. La Vème République a fait son temps. L'électorat n'a plus aucune confiance dans les institutions. Le sénateur Mélenchon a pris la tête d'un mouvement réclamant une VIème République – à laquelle il prétend donner une connotation vertueuse et peuple-de-gauchiste qui ne ferait qu'aggraver le climat de confrontation civile existant. Les Ière et IIème Républiques avaient ce caractère. Elles ont toutes deux conduit au bonapartisme.

N'en déplaise au sénateur Mélenchon et à ses partisans, on ne fonde pas un régime sur l'exaltation révolutionnaire. Ceux qui, comme moi, ont vu de près se dérouler la révolution portugaise, grâce à laquelle des transformations incroyables ont eu lieu, ont apprécié la symbolique finale du très beau film de Maria de Medeiros « Capitaines d'Avril » et l'amertume de héros floués et cocufiés par l'Histoire. Les « coups de gueule » et les effets de menton ne servent à rien au long terme.

Il faut changer les institutions, mais on ne le fera pas « en défilant Bastille-Nation » comme chantait Renaud autrefois. On le fera en aidant les citoyens à définir leur rapport à l'Etat, en leur demandant leur avis, en faisant établir des propositions par des juristes et non par des politiciens, en fonction des réalités et non pas des idéologies, en organisant enfin les mécanismes d'une démocratie véritable – et efficace.

On me dira que la situation est grave et ce n'est pas le moment… Ce ne sera jamais le moment….

L'an prochain, un nouveau Président sera élu, une nouvelle majorité se dessinera à l'Assemblée Nationale pour le soutenir – puisque c'est dans ce sens que la Vème République a dérivé –

Demandons aux candidats de s'engager à mettre en route, dès le lendemain de l'élection, une procédure d'élaboration d'une nouvelle constitution. C'est tout aussi urgent que l'était, au début de ce quinquennat, la réforme du Code Civil, juste et nécessaire, qui a étendu le mariage aux couples homosexuels. Cela doit être entrepris immédiatement, mais conduit sans précipitation.

Trop vieux pour lancer des pavés – et d'ailleurs cela n'était pas « mon genre » – je veux apporter ma petite pierre au nouvel édifice républicain. C'est pourquoi je publie à nouveau ce livre. Les idées qu'il défendait voilà quinze ans ont été accueillies avec courtoisie, mais aucune n'a été appliquée. Je ne prétends pas que cela soit la cause d'une situation détériorée de la France – mais j'imagine que cette situation n'empirera pas si quelqu'un suit les pistes de réflexion ouvertes ici.

Etudiant à Sciences-Po dès 1958, j'ai vu naître la Vème République. Des maîtres comme Georges Vedel, Maurice Duverger, Charles Morazé, Max Querrien, m'ont fait sentir ses ambiguïtés. Je l'ai vue se déformer, se déliter avec le temps. L'état militaire que j'ai choisi plus tard m'interdisait toute action politique – mais je n'ai cessé d'observer les institutions et ceux qui les animaient.

Au milieu des criailleries revanchardes et revendicatrices, je maintiens que la France n'appartient à personne, que nul ne détient de vérité absolue, et que la discussion ne peut faire jaillir la lumière que si elle s'appuie sur des observations, des raisonnements, et des convictions, parfois contradictoires.

Quelques notations de ce petit livre sont « datées » et obsolètes. Je n'ai pas voulu risquer une complète refonte qui aurait pu altérer des raisonnements que je ne saurais renier.

Qu'un seul lecteur y trouve de l'intérêt – et s'en serve, me serait un grand sujet de fierté.

.

1

LA FRANCE ET SON DESTIN

A la première publication de ce livre, le résultat des élections avait porté Jacques Chirac à la Présidence et Lionel Jospin à la charge de Premier Ministre. Cette « cohabitation » rendue possible par la Constitution a été jugée incommode et même paralysante. Elle aurait cependant pu permettre une sorte de consensus ou d'union nationale. C'est dans cette seconde perspective qu'avait écrit ce livre en un temps d'optimisme.

Jacques Chirac, qui avait affirmé son caractère sympathiquement primesautier par la dissolution de l'Assemblée nationale en 1997 ,l'a confirmé en soumettant au référendum un point dont l'importance risque d'échapper à quelques-uns: le président de la République doit-il être élu pour cinq ans ou pour sept ans? La question aurait un sens si elle était accompagnée de l'institution d'un régime présidentiel, où le Premier ministre n'aurait plus aucun rôle. Elle en aurait déjà moins s'il s'agissait d'aller vers une démocratie d'assemblée, où le Président se contenterait d'inaugurer les chrysanthèmes — ce qu'il pourrait faire aussi bien pendant cinq ans, sept ans, vingt ans, ou l'éternité des Rois, sans que cela ait la moindre importance —. Mais il n'est pas question, nous dit-on, de modifier l'organisation des pouvoirs publics, telle que l'ont fixée les pères fondateurs de la 5ème République, dans un passé oublié — ou sacralisé par le fétichisme —.

Dans ces conditions, la réformette proposée n'aura sans doute d'autre effet que de permettre aux partis qui auront prôné une abstention "active" ou "offensive" de s'approprier, après le dépouillement des résultats, les non-voix de l'abstention "passive" ou "désabusée", et de peser un poids plus important dans les négociations futures.

Quant aux électeurs qui auront tenu à accomplir leur devoir civique, ils s'apercevront vite que cette campagne aura fait beaucoup ou peu de bruit pour rien, et ne pourront qu'être sceptiques lorsque dans l'avenir on leur parlera de réformer la Constitution.

Or le tapage immodeste fait autour de la brève présidence française de l'Union Européenne rappelle que les échéances de l'approfondissement et de l'élargissement de cette union vont contraindre la France, comme tous les pays membres, non pas à abandonner sa souveraineté, mais à la redéfinir, à la recentrer, à en transférer certaines prérogatives. Cela ne pourra se faire sans réviser la Constitution.

Cette révision devra permettre la définition d'une politique commune en matière de défense et de relations internationales, dont la nécessité est chaque jour plus visible, à propos de la Bosnie comme de l'Irak, du Kossovo comme de la Palestine.

Elle devra assurer, à long terme, l'intégration de la France à une Europe dont nul encore ne peut dessiner la forme, mais qui fera cohabiter l'Irlande et la Sicile, l'Estonie et le Portugal, la Finlande et la Serbie, non point dans la cacophonie des susceptibilités nationales, ni dans le carcan d'une administration impuissante et unique, mais dans l'unité d'une volonté de paix fondée sur l'expérience des guerres de division, d'une volonté commune de développement économique et de progrès humain.

Par sa position géographique, par ses traditions historiques, par son poids politique, la France doit être un des grands acteurs de la construction européenne. Comment pourrait-elle jouer son rôle, de façon crédible, sans oser apporter à ses structures intérieures les changements fondamentaux qui s'imposent à la raison?

Ne voit-on pas que le Royaume-Uni lui-même, perçu chez nous comme un monument de tradition, vient de s'imposer, avec la réforme de la chambre des Lords et les Dévolutions écossaise et galloise, des changements constitutionnels sans précédent? Nous sourions des chapeaux de la reine d'Angleterre et nous nous interrogeons sur le quinquennat...

A l'heure du "village planétaire", à l'heure où chacun de nous peut disposer, grâce à la révolution des réseaux de communication, d'une capacité à peine imaginable de s'informer et donc de faire des choix, il y a mieux à faire pour préparer l'avenir, c'est à dire préparer le citoyen français à devenir un citoyen de l'Europe, à prendre toute sa part des décisions qui le concernent, en connaissance de cause et, d'abord, en connaissance des institutions.

L'Europe, pour le citoyen, est une notion vague, souvent réduite à la perception négative de la réglementation communautaire. L'électeur connaît mal le rôle du Parlement Européen — son rôle actuel et celui qui pourrait lui être dévolu dans l'avenir — et il ignore souvent l'action et même la personnalité des membres de cette Assemblée. Il faut que la participation du citoyen au fonctionnement de l'Europe soit plus directe, mieux éclairée, plus conforme aux exigences d'une démocratie moderne. La préparation des prochaines élections européennes donne toute son actualité à cette exigence.

Mais cette réforme n'aurait aucun sens si elle ne tenait pas compte de l'aspiration des collectivités territoriales et locales à plus d'autonomie, à un meilleur respect des réalités historiques, culturelles, et physiques, à plus de démocratie enfin. Le gouvernement de Lionel Jospin semble avoir trouvé la voie d'une solution du problème corse. Les difficultés qu'il a rencontrées jusqu'ici, et qu'il rencontrera sans doute jusqu'au terme du processus engagé, devraient provoquer un choc salutaire, et faire accepter que c'est en Corse, en Pays basque, en Bretagne, en Béarn, en Alsace, mais aussi en Champagne et à Ménilmontant, que se doivent traiter l'essentiel des affaires qui concernent les Champenois, les Alsaciens, les Béarnais, les Bretons, les Basques comme les Corses, comme les habitants de Ménilmontant. Cela devrait être compréhensible à tous, même à des Robespierre de sous-préfecture incapables de faire la différence entre l'unité et l'uniformité, comme entre le courage du refus et la lâcheté de la démission.

Les Français sont depuis longtemps reconnus capables de se prononcer sur des actes politiques complexes et dont la portée lointaine n'est pas toujours facile à percevoir. Pourquoi ne seraient-ils pas capables de se déterminer pour la gestion d'intérêts plus proches et plus précis?

C'est d'ailleurs, précisément, dans le domaine de la démocratie locale que se manifeste le plus l'insatisfaction des Français. Régulièrement, depuis quelques années, le monde politique s'est ému de voir un parti extrémiste, qui a le front de se dire national, et qui prétend indûment au monopole du patriotisme, en position d'arbitrer des élections municipales, cantonales ou régionales.

Les deux blocs composites qui alternent démocratiquement pour conduire les destinées du pays se sont rejeté l'un à l'autre la responsabilité de cette irruption obscène. Au sein même de la droite républicaine, une profonde division est apparue, entre ceux qui, respectueux avant tout de leurs principes, ont refusé d'utiliser les voix ainsi égarées pour battre la gauche et ceux qui, plus respectueux des électeurs peut-être, ont tenté le pari difficile des solutions pragmatiques, au risque d'y perdre leur identité. Ainsi s'opposent, arbitrés par les démagogues adversaires de la démocratie, les descendants des jacobins et des girondins, partisans d'une démocratie centralisée ou non, les tenants de la représentation proportionnelle et ceux du scrutin majoritaire.

Mais le plus grave est sans doute qu'après chaque élection, on constate que près d'un électeur sur deux s'est abstenu de prendre part au vote, révélant un manque d'intérêt pour la chose publique, un manque de confiance dans la classe politique, une désaffection affligeante pour la démocratie. Cette constatation devrait faire l'effet d'un électrochoc, et le Président de la République et le Premier Ministre devraient avoir la sagesse et le courage d'engager la procédure d'une révision constitutionnelle qui serve la modernisation de la vie politique.

Pour Jacques Chirac et pour Lionel Jospin, la perspective des élections de 2002 est à la fois une contrainte et une grande chance.

Une contrainte parce que chacun doit sauvegarder ses propres intérêts, et souligner pour ses partisans l'originalité, l'indépendance, la justesse et la différence de son point de vue.

Une grande chance parce que la cohabitation les place en situation d'émulation et non de conflit, que ni l'un ni l'autre n'a d'intérêt à l'ouverture d'une crise majeure. Sans préjuger de leur consensus latent et de leur dispute apparente, on doit craindre qu'ils ne s'accordent que pour une révision de circonstance et une modernisation de façade. Le citoyen, pourtant, a le droit de souhaiter que cette modernisation soit réelle, que cette révision soit profonde. L'une et l'autre sont nécessaires, parce que le système actuel d'équilibre des pouvoirs publics n'est plus adapté au rythme et aux besoins de la vie moderne. L'une et l'autre sont urgentes, parce que la démocratie n'attend pas, et qu'il y aurait danger à laisser l'électeur se désintéresser de la chose publique, et porter son suffrage à quelque aventurier. La situation est assez grave pour qu'au moulin des experts chacun puisse apporter un peu d'eau. C'est même, il me semble, un devoir.

Ce cahier n'est pas un essai politique ni un traité de science politique. Il traduit une réflexion, longuement mûrie — trop longuement peut-être — alimentée par l'observation d'une histoire qui est celle de la France d'aujourd'hui.

Ce pays et ce temps sont les miens, sans que j'aie eu à les choisir. C'est un beau pays, dont la mémoire est riche, dont la terre est fertile, le paysage varié, la langue élégante, et qui en quelques siècles a su se faire une place honorable dans la société des nations. C'est un temps de merveilles et d'interrogations infinies, où le génie de l'homme ouvre chaque jour des possibilités nouvelles à son appétit de savoir et d'invention. Et cependant les hommes de ce pays et de ce temps vivent dans le doute, l'indifférence et le scepticisme.

Au cours des siècles, ce peuple a acquis, parfois au prix de durs combats, le droit de prendre part à l'élaboration de son destin, et de se poser, dans le monde, en champion d'une certaine conception de la liberté et de la démocratie. Et pourtant il semble y attacher si peu d'importance qu'il est avare de son droit de vote, et s'abstient de plus en plus de l'exercer, comme s'il avait cessé de croire aux vertus du suffrage universel, qu'il a presque inventé. Certains parlent ou ont parlé de l'âme du Français, de son mal plus ou moins imaginaire. Peut-être ont-ils, ce faisant, cédé eux-mêmes à la volupté d'introspection morbide et d'auto-flagellation intellectuelle dont le Français n'a pas le monopole, et qu'il a héritée d'une philosophie venue de l'Orient méditerranéen, mais qu'il a poussée peut-être à un rare degré de raffinement. Je ne les suivrai ni ne les contredirai sur ce terrain. Les Français ne manquent ni d'imagination, ni d'esprit d'entreprise, ni de courage, ni de lucidité, ni de persévérance, ni d'aucune des qualités qui font un grand peuple — et ils ont cet amour de la justice et de la liberté qui fait un peuple admirable —. Tous les peuples, d'ailleurs, ne sont-ils pas admirables?

Simple artisan des mots et des idées, je constate seulement que les Français répugnent à faire usage de leurs droits civiques, s'abstiennent de prendre part aux décisions politiques, doutent en fait que le fonctionnement du pouvoir les concerne, et, jugeant trop hermétique l'organisation des rapports sociaux, tendent vers une atomisation de la société, une sorte d'anarchisme par défaut, qui ne peut conduire qu'à la destruction du corps social — ou à sa régénération par la révolution —. Or si nous répétons, depuis Paul Valéry, que les civilisations sont mortelles, nous ne cessons d'apprendre, depuis Bonaparte, que les révolutions ne vivent guère, et que souvent elles tuent.

Puisque nous en avons, en France, une certaine expérience des révolutions, il ne me paraît pas indispensable de recourir, une fois de plus, à cet expédient héroïque et coûteux. Notre gouvernement et notre administration reposent sur des fondements historiques, qui touchent à l'essence même du peuple que nous sommes — avec ses défauts et ses qualités et dans toute sa diversité — mais l'édifice a été maintes fois retouché, au point que le plan d'origine semble en avoir été perdu, et que, défigurée de tourelles et d'annexes, coupée de fausses cloisons, la vieille maison de famille, avec ses fenêtres murées et sa girouette coincée, ressemble à ces propriétés mal entretenues où personne n'a envie de vivre. Le moment est venu où tous les habitants doivent s'entendre et faire effort, pour qu'elle retrouve une structure fonctionnelle, pour que les cheminées tirent, pour que les portes s'ouvrent, pour chasser des couloirs la poussière et les fantômes du passé. Sans doute faudra-t-il faire appel à tous les corps de métier, et à toutes les bonnes volontés.

Il s'agit de rendre nos institutions intelligibles, crédibles et efficaces, comme elles l'ont été plusieurs fois dans le passé. Toute la nation est concernée par cela, et c'est à une véritable refondation de l'édifice républicain que tous les Français doivent participer, chacun suivant sa compétence. Et cette affaire est véritablement l'affaire de tous.

Le juriste a pour rôle et pour passion d'appliquer les lois et de les interpréter. Il peut traduire en loi l'intention du politique. Ce n'est pas à lui de l'imaginer.

Le logicien explique les mécanismes et les raisonnements et permet de prévoir — ou plus souvent d'expliquer après coup — l'enchaînement des catastrophes.

Le moraliste ne peut, au regard du Bien et du Mal, du Relatif et de l'Absolu, du particulier et de l'universel, que poser des questions.

Le psychologue et le sociologue, et leur hybride le psychosociologue, savent analyser les motivations individuelles et collectives dans l'action et dans la réaction, et préparer l'adaptation du système à ceux dont il régit les intérêts.

Les communicateurs, c'est à dire le journaliste critique ou le propagandiste ouvert ont pour rôle d'expliquer, de commenter, de faire comprendre à chacun des membres de l'ensemble concerné, les événements — et les constitutions organiques — qui le concerne.

L'historien porte témoignage du résultat d'actions passées, dans des conditions données, pour expliquer une situation actuelle ou projeter une situation future.

Le politicien calcule, évalue le rapport des forces électorales, et assure la transformation d'un projet en actes positifs.

C'est enfin à l'homme d'état qu'il appartient d'imaginer le futur, d'innover, d'organiser et de prévoir. Il doit être un visionnaire animé par le souci du bien public, il doit être habité par une idée, vouloir ardemment la réaliser et savoir jusqu'où repousser les limites du possible. C'est à dire que l'emploi est rare, et ne convient qu'à peu de candidats. Le travail de gestion, d'administration, pour lequel on loue fort quelques personnages distingués de notre temps, n'est qu'un travail de fonctionnaire, et tel se fut plus grandement honoré en demeurant le chef d'une grande administration, qui s'est exposé aux sourires en accédant au pouvoir politique.

Mais ces grandes visions et ces savants travaux ont besoin du regard simple et parfois simpliste de l'observateur ordinaire. Candide, l'homme de la rue pose des questions, interroge les uns ou les autres, les agaçant parce qu'il en sait moins, ou parce qu'il les amène à avouer qu'ils n'en savent pas autant qu'ils le prétendent.

Voilà pourquoi nul ne doit être indifférent à la préparation de la réforme constitutionnelle qui s'annonce, et que je crois urgente, pour restructurer le territoire, rééquilibrer les pouvoirs et rendre confiance au citoyen.

La réforme constitutionnelle n'anéantira pas le terrorisme, elle ne résoudra pas le problème du chômage, elle ne résoudra pas le problème de l'exclusion, elle ne résoudra pas les contradictions qui naissent de l'allongement de la durée de la vie, de la réduction de la durée du travail, des transformations de la cellule familiale et de l'allongement de la durée des études, elle ne résoudra pas le problème du devenir de notre écosystème, elle ne rétablira pas l'équilibre démographique sur la planète, elle ne fera rien pour que les pays pauvres soient moins pauvres, elle ne guérira ni du Sida, ni du cancer, ni de la bêtise.

Mais elle devra permettre aux hommes et aux femmes de ce pays de faire en connaissance de cause les choix politiques qui permettront d'agir sur ces problèmes du temps. Elle devra donner aux citoyens la certitude que tous leurs votes sont utiles. Elle devra rétablir, entre l'administration et le citoyen, la clarté et l'efficacité qui font aujourd'hui défaut.

Elle devra donner au Parlement le moyen de légiférer, au Gouvernement celui de gouverner, au Président celui de présider, dans la clarté, la sincérité, et le seul souci de l'intérêt du pays.

Elle devra permettre à la France, dans le respect de ses principes et des traités déjà conclus, de jouer dans l'organisation européenne et dans le concert des nations la place que lui ont valu les hasards de la géographie, la logique de l'histoire, la pensée de quelques-uns et le travail de tous.

Si tant de nos concitoyennes et de nos concitoyens semblent tentés de suivre le parti de la haine et de la colère, et de renier ce qui fait, pour ceux des étrangers qui nous aiment, l'image de la France, je veux croire que c'est par désespoir, par tristesse de voir nos institutions s'enfermer dans le brouillard opaque de l'indétermination, du secret et du mensonge, s'enliser dans le marais des contradictions, des rivalités personnelles, d'une corruption qui n'est sans doute que marginale, mais qui heurte profondément la conscience républicaine. Je ne vois pas d'autre explication au scepticisme morose et amer qui balaie, depuis quelques années, la cinquième plus riche puissance du monde.

Je ne crois pas à la fatalité de la violence. Je sais que le Millénaire n'apportera ni le Grand Soir ni l'Aube des temps nouveaux, mais je suis sûr que la France a les moyens de gérer son destin en appliquant ses idéaux de Liberté, d'Égalité et de Fraternité.

2

L'HERITAGE ET LES DEFIS

La constitution actuelle, née d'une crise et plusieurs fois révisée, est aujourd'hui obsolète. Elle n'assure plus l'équilibre nécessaire des pouvoirs, et elle n'entretient plus la confiance des citoyens à l'égard de ceux qui exercent ces pouvoirs. La réforme des institutions n'est pas un acte secondaire mais essentiel. Elle ne doit pas compléter, mais précéder, l'action politique exigée par la Nation pour répondre aux défis du temps présents et pour prévoir ceux de l'avenir.

Faut-il rappeler l'origine du régime actuel? C'est un putsch à Alger, le 13 mai 1958, exécuté par des militaires et des civils activistes, qui avait contraint le second président de la IVème République, René Coty, à confier le gouvernement au général De Gaulle. Celui-ci, fort du prestige acquis quinze ans plus tôt à Londres, à la tête de la France Libre, fit voter le 4 octobre une nouvelle constitution et se fit élire président de la République par un collège de "grands électeurs". Réélu en 1965 au suffrage universel, il devait démissionner en 1969 après que le corps électoral ait refusé d'approuver, par référendum, une nouvelle réforme constitutionnelle qui aurait eu pour effet d'abaisser le Sénat. Cette origine, et la personnalité de De Gaulle, marquent encore aujourd'hui la vie d'un régime dont la dérive monarchique a maintes fois été dénoncée.

La constitution de 1945, élaborée au lendemain de la guerre et dans les soubresauts de la Libération, ne garantissait pas une stabilité suffisante à des gouvernements soumis aux alliances changeantes de nombreux partis. La 4ème République a pourtant compté de grands hommes d'Etat, comme Pierre Mendès-France. Il faut inscrire à son actif le démarrage d'une prospérité économique qui s'est continuée au-delà de 1958 et jusqu'à la crise pétrolière des années 70 (les "trente glorieuses"); on lui doit la sécurité sociale, le vote des femmes, la définition d'un modèle de planification souple, la signature du pacte charbon-acier qui est à l'origine des traités européens, la préparation du traité de Rome et, si l'alliance de circonstance des gaullistes et des communistes ne l'avait empêché, elle aurait pu poser les bases de cette communauté européenne de défense dont aujourd'hui on reconnaît la nécessité. Certes, elle a mal géré la guerre d'Indochine, mais peut-être moins mal que l'Amérique n'a géré plus tard celle du Vietnam sur le même terrain. En revanche elle a abandonné son protectorat sur la Tunisie et le Maroc dans des conditions acceptables. Enfin si elle a échoué sur le dossier algérien, on ne peut pas dire, avec le recul du temps, que la Vème République ait mieux réussi.

Pourtant, c'est essentiellement pour résoudre la crise algérienne, que De Gaulle s'est fait appeler à la Présidence en 1958, légitimant un coup d'état par un plébiscite, d'une manière proprement napoléonienne. La manière dont il a pris le pouvoir grâce aux factieux d'Alger, la manière dont il l'a exercé, d'abord contre eux, et les conditions dans lesquelles le peuple algérien a été livré au F.L.N. font déjà partie de l'Histoire sans avoir encore cessé d'exciter la polémique. La présente réflexion ne s'inscrit dans aucune de ces deux perspectives et il ne convient ni d'alimenter l'une ni de s'étendre sur l'autre, mais n'est-il pas indispensable de retrouver les fondements du régime pour mesurer l'étendue de sa ruine?

Constitution sur mesure, bâtie pour un homme qui s'était placé en dehors des normes, la constitution de 1958 donne au président de la République une indépendance d'action, vis à vis des législateurs, qui est très grande, et supérieure à celle dont dispose, dans son système présidentiel, le président des États-Unis. Seul le président de la Fédération de Russie, parmi les chefs des grandes puissances mondiales, semble aujourd'hui disposer d'un pouvoir comparable. Encore doit-il accepter le risque d'un conflit avec la Douma.

Constitution ambiguë, elle est ouverte à beaucoup d'interprétations, y compris à celle d'un exécutif bicéphale. La cohabitation qu'elle permet a des effets parfois discutables, on le voit presque chaque jour et on tout récemment encore, à propos de l'annonce du processus de révision constitutionnelle. Les commentateurs guettent ainsi avec attention la moindre divergence de parole ou la moindre mimique de désapprobation. Lorsque au contraire il y a identité d'appartenance entre le Président et son Premier Ministre, ceux-ci tendent à traiter le Parlement comme une chambre d'enregistrement, et il faut une grande force d'âme et une grande habileté aux Présidents des Assemblées pour sauvegarder le rôle et la dignité de leurs Chambres.

Constitution trop rigide, elle a subi plusieurs révisions, à vrai dire d'inégale importance, en 1962, en 1963, en 1974, en 1976, en 1992, en 1993, en 1995, en 1996, et on nous en promet d'autres…. Ce qui est beaucoup.

Après tant d'années, on peut penser que le vieil habit du Président, retaillé et rapiécé pour ses successeurs, ne vaut plus d'être raccommodé, et qu'il est temps d'en faire un neuf. Les hommes d'état de ce temps feront la preuve de leur carrure en ne cédant pas à l'envie de tailler le costume qui leur conviendra le mieux, et en laissant dessiner, sous la garantie d'un grand nombre de "stylistes" impartiaux, l'habit le plus commode et le plus confortable, qui puisse faire "bien de l'usage" comme on dit dans notre France profonde, à la République de l'an 2000.

Est-ce bien nécessaire? Après tout, n'importe quel institut de sondage pourrait sans mal faire dire à beaucoup de Français, et sans doute au plus grand nombre, que là n'est pas leur souci principal, et que, si l'on compare la Constitution à un vêtement, le Gouvernement peut bien aller tout nu, pourvu qu'il gouverne, et permette à chacun de vivre en sûreté, de travailler contre un salaire raisonnable et d'élever ses enfants dans l'espoir d'une encore meilleure existence. C'est une réponse naturelle, et qui serait faite naturellement à une question mal formulée. En réalité, chacun sait bien que le rôle du système politique est d'organiser au mieux les activités du corps social. Par système politique, entendons non seulement le pouvoir exécutif, et le pouvoir administratif qui en émane, mais aussi le pouvoir législatif, le pouvoir judiciaire. Dès lors chacun voit bien qu'aucun système politique ne peut remplir la mission qui lui est confiée par la nation, s'il n'a pas la confiance de ses électeurs, s'il n'a pas les moyens de faire comprendre ses décisions et s'il est perçu, par le public, comme une espèce de divinité incompréhensible, inabordable, et qui serait redoutable, si elle n'avait pas fait la preuve de son inefficacité.

Lorsqu'à l'exaspération croissante des citoyens confrontés au chômage, à la précarité, au sentiment d'insécurité, aux inquiétudes d'un avenir riche de plus d'interrogations que le passé n'a jamais apporté de certitudes, lorsqu'à cette exaspération s'ajoute le sentiment que le gouvernement est impuissant, qu'une partie de la classe gouvernante est corrompue, que les élus ne tiennent pas compte des voeux de leurs mandants, que la justice est lente et l'administration absurde, lorsqu'il ne suffit plus de changer de gouvernement pour changer de politique, ou de changer de politique pour résoudre des difficultés chaque jour plus complexes, alors il faut avoir le courage de remettre en cause l'ensemble des fonctions de cet appareil d'Etat, de lui rendre sa capacité à répondre aux besoins d'un pays dont l'énergie se gaspille en frictions improductives. C'est à cette réflexion refondatrice que les Français doivent s'appliquer aujourd'hui. Si elle n'est pas menée à bien rapidement, aucune mesure, aucun expédient ne permettra de résoudre les problèmes concrets qui préoccupent chacun, les fractures s'élargiront entre les différents groupes de citoyens, entre l'ensemble des citoyens et l'appareil politique, et ce seront de terribles menaces qui pèseront sur notre avenir.

Mais changer de constitution est un acte grave, qui doit répondre à un besoin profond, et permettre au pays de relever des défis clairement identifiés ou pressentis. Le premier souci du nouveau constituant sera de tracer la perspective de ces défis, et sans doute de réfléchir à la manière dont les républiques précédentes ont fait face à ceux qui leur étaient posés.

Les textes constitutionnels qui ont donné sa forme à la Ière République, et qui nous servent toujours de référence, renferment deux phrases qui constituent leur essence: "Tous les hommes sont égaux par la nature et devant la loi" et "La République française est une et indivisible". Ces deux phrases constituaient la novation essentielle du nouveau régime. Malgré leur incessant d'effort de centralisation, les Capétiens avaient laissé subsister dans leur royaume des structures archaïques et des formes de droits anciens qui survivaient de la tradition féodale. La République, en se proclamant une et indivisible, prétendait uniformiser l'administration et rationaliser le découpage du territoire. La déclaration des droits de l'homme devait organiser la prise en mains du gouvernement par une nouvelle élite, intellectuelle et bourgeoise, légitimée par le mérite et remplaçant l'élite nobiliaire, légitimée par le sang. A l'intérieur, il fallait briser non seulement les opposants et les avantages acquis, mais les habitudes de pensée et les forces centrifuges qui de tout temps s'étaient opposées au centralisme parisien. Tels étaient, il y a deux siècles, les défis du présent. Le futur tenait en réserve une formidable évolution scientifique et économique, à laquelle la Révolution prépara le pays en imposant le système métrique et en libérant l'entreprise et la propriété. En quelques années, dans un climat d'abord d'état de siège, ensuite de conquête et de propagande idéologique, un édifice a été construit, assez solide pour résister à la confiscation du pouvoir par Bonaparte, général factieux.

La IIème République, en 1848, aurait dû répondre au double souci de faire accéder la France au progrès industriel et d'instaurer la justice sociale. Elle eut l'honneur de faire disparaître l'esclavage. Mais la complexité des problèmes à résoudre, le foisonnement des idées, l'endurcissement des nouveaux conservateurs et l'inexpérience générale de la démocratie, conduisirent, en trois ans, à la confiscation du pouvoir par un autre Bonaparte, président factieux.

La IIIème République naquit d'une France assommée par la défaite et par la découverte que celle-ci avait été due à la futilité, à la bêtise, à l'impréparation et à l'incivisme. Elle mit longtemps à s'établir, sur deux ordres de fondation: le premier, à moyen terme, visait à constituer une force capable de venger l'affront de Sedan en reconquérant l'Alsace et la Lorraine. Et parce que la victoire prussienne était comprise comme celle de l'armée de conscription et du maître d'école, la première tâche de la République fut de créer une organisation militaire et une éducation nationale. Le second ordre de fondation était la constitution d'un état moderne, capable d'accompagner l'expansion économique, de diriger l'expansion coloniale, et de maintenir l'ordre en établissant un semblant d'équilibre entre bourgeois et prolétaires, les premiers conscients que le progrès était dû à leurs lumières et à leur investissement financier, les seconds conscients que la production reposait sur leur exploitation. En même temps, la IIIème République devait enraciner la tradition républicaine. Elle fut assez forte pour résister à la défaite de 1914, puis aux quatre années interminables de l'odieuse guerre, voulue mais non préparée, par laquelle l'Europe commença sa longue tentative de suicide. Elle ne fut pas assez forte pour résoudre les problèmes de la paix et des transformations géopolitiques résultant de la révolution russe et de l'intervention américaine. Comme une vieille dame ruinée par son valet de chambre, elle finit dépouillée par un vieillard factieux, le maréchal Pétain, malgré la cinquantaine de parlementaires courageux qui prirent le Massilia pour l'Arche de la Liberté.

Après la Libération, la IVème République naquit dans de si effroyables convulsions qu'elle ne pouvait avoir d'autre souci que d'organiser la reconstruction de la nation et de la démocratie. Les principaux défis qui se posaient à elle étaient d'ordre international: il s'agissait de définir la place dans l'Etat d'un parti communiste alors soumis à une autorité extérieure; il s'agissait d'organiser en Europe une paix durable; il s'agissait de tenir, vis à vis des peuples de l'Empire, l'engagement de libération donné en échange de leur engagement massif dans les combats pour la libération du territoire national. Il s'agissait, à l'intérieur, d'achever les terribles règlements de comptes qui avaient suivi l'Occupation et, pour la nation qui s'était donnée à Pétain, de se redonner l'apparence de la dignité, comme De Gaulle avait réussi à lui redonner le sentiment de la victoire.

Les constituants de 1946 étaient si préoccupés d'éviter les excès de pouvoir qu'ils ne s'étaient pas donné les moyens d'une véritable efficacité. Ecrasés par le passé, ils ne surent peut-être pas préparer l'avenir. C'est pourquoi, après avoir accordé le droit de vote aux femmes et ouvert, par la création de l'Union Française, la voie de la décolonisation, leur république s'enlisa dans l'affairisme, les querelles de partis, et les combats ignominieux provoqués par sa mauvaise foi à l'égard des peuples colonisés. Enfin, le 13 mai 1958, elle se vit à la merci d'une bande de militaires et de civils factieux, et par peur des braconniers se jeta dans les bras du garde-chasse.

La Vème République est ainsi née, dans l'ambiguïté, pour résoudre la crise algérienne. Etant donné que les malheurs actuels de l'Algérie découlent en grande partie de la manière dont le pouvoir a été cédé par la puissance coloniale à un parti unique et totalitaire, de mauvais gré et sans volonté démocratique, on peut avoir des réserves sur son efficacité dans ce domaine essentiel. En fait, le seul, le véritable souci du constituant de 1958 semble avoir été la création d'un état fort pour maintenir l'ordre à l'intérieur et rétablir à l'extérieur le prestige de la France comme celui d'une grande puissance historique. Sur ce point, le succès sans doute est venu, moins des institutions que de l'habile jeu politique conduit par deux hommes aux charismes bien différents, égaux par leur qualité d'écrivain, l'ampleur de leur culture et la hauteur de leurs vues, égaux aussi par leur capacité d'être détestés, Charles De Gaulle et François Mitterrand.

Les défis du temps présent sont clairs: ils concernent l'aménagement de l'espace géopolitique, l'approche philosophique du progrès scientifique, la redéfinition de la citoyenneté.

D'abord, il s'agit d'organiser l'Europe, et d'honorer les engagements qui font de la France un des états organisateur de la paix sur ce continent. Cette Europe n'est plus la petite Europe incarnée par De Gaulle et Adenauer, une alliance avant tout diplomatique, dirigée par une France généreuse et une Allemagne reconnaissante, jouant avec finesse un rôle d'arbitre entre deux superpuissances. L'Union Soviétique et le Pacte de Varsovie, sur la pérennité desquels comptaient, au fond, les fondateurs de la Vème République, ont disparu en quelques années, et s'ils doivent un jour être remplacés, ce sera sans doute long et certainement sur des bases différentes.

L'Europe nouvelle est une grande association d'états, économiquement forte, politiquement cohérente, capable de faire contrepoids à la seule superpuissance survivante et d'ailleurs, peut-être, de la sauver, car les États-Unis n'ont ni les moyens ni la volonté d'être les garants perpétuels de l'ordre et de la paix du monde. Au sein de cette grande Europe, la France doit participer à la construction d'un nouvel équilibre mondial, réducteur d'inégalités, et surtout garant d'une paix menacée par la dissémination des moyens nucléaires et le surarmement général - dont elle n'est d'ailleurs pas tout à fait innocente -.

Le deuxième défi de notre temps est d'ordre philosophique: il faut que la communauté française soit en mesure d'utiliser, de suivre et au besoin de précéder le progrès scientifique. Avant tout dans deux domaines, la communication et la biologie. La communication moderne, les réseaux électroniques, fait que les structures pyramidales de l'administration et du commandement, telles qu'on les connaît, sont en permanence contrôlées et contrariées, par les structures horizontales et mouvantes de l'information, mais aussi de la désinformation, de la propagande et de la publicité.

La biologie moderne ouvre des perspectives qui, dans les livres d'anticipation d'Huxley ou d'Orwell, offraient des possibilités agréables de titillements intellectuels mais qui, dans la réalité d'aujourd'hui, peuvent apporter des progrès admirables et des aberrations criminelles. Ces perspectives doivent être, pour tout citoyen, un sujet de réflexion profonde et mesurée, au moment où tout nous pousse au superficiel et à l'instantané.

Si je ne parle pas de l'environnement, qui constitue incontestablement un défi majeur, c'est qu'il n'appelle pas de solution institutionnelle mais politique.

L'organisation de l'Etat a pour but de permettre l'exercice des choix politiques, pas de les remplacer. La bioéthique et la communicatique, en revanche, sont en relation directe avec cette organisation. La 1ère République s'est organisée à la vitesse du cheval, la 6ème doit le faire à celle de l'électron. Le code Napoléon devait faire face aux réalités de la famille naturelle, la nouvelle société doit pouvoir faire face à bien d'autres perspectives et résoudre d'étonnantes contradictions.

Le troisième défi réside dans une redéfinition de la citoyenneté, qui donne à chacun la capacité et la volonté de participer à l'exercice de la souveraineté commune. C'est cela qui a été perdu à la fin de chaque règne républicain. C'est cela qui doit être la priorité de la nouvelle Constitution. Car, n'en doutons point, c'est une nouvelle République qu'il nous faut, et non point un replâtrage de l'actuelle, si nous voulons éviter que celle-ci finisse comme les autres ont fini, et plus cruellement peut-être.

La constitution de la Vème République a déjà connu bien des révisions. Vient un moment où les réparations, les additions de paragraphes ne suffisent plus. Ces expédients ne font qu'ajouter à la confusion. Il faut aujourd'hui admettre que les conditions historiques qui ont fait naître cette constitution n'existent plus, que le contexte mondial et la situation nationale n'ont plus rien à voir avec ceux qui existaient alors. Que l'équilibre des pouvoirs, qui avait été défini en fonction de la personnalité unique d'un homme à qui son passé donnait un prestige particulier, n'est plus assuré.

Ce système n'était sans doute pas parfait; il ne l'était sûrement pas puisque ceux même qui étaient à son origine ont plusieurs fois éprouvé le besoin de l'améliorer. En tout cas il a fait son temps, et c'est un régime entièrement neuf qu'il faut construire. Il faut profiter de cette réforme pour rééquilibrer l'ensemble des pouvoirs, pour faire que, dans le plus petit hameau, dans la plus misérable des cités, chaque citoyen ait un égal accès à la loi, à son application comme à son élaboration. La démocratie n'est pas autre chose que cela.

Il faut oser aller plus loin, dans cette réforme, que les calculs électoraux, les rivalités personnelles et l'arithmétique partisane. Il faut vouloir rendre le pouvoir au peuple, et, en quelque sorte, faire de cette nouvelle Marianne la République de tous les Français.

Il faut que l'image de la France, comme l'organisation de ses institutions, soit définie en fonction des besoins, des souhaits, des rêves du citoyen ordinaire, car c'est en lui, en ses aspirations, en sa recherche de liberté et de bonheur, que l'Etat trouve sa justification.

3

LA MORALE PUBLIQUE, ESSENCE
DE LA DEMOCRATIE

Il est d'autant plus urgent de rétablir la République dans ses vertus et ses pouvoirs, que les gouvernements, eux aussi, ont souvent la mémoire courte, et que la leçon donnée en mars 1998 risque d'être vite oubliée. Obligés de cohabiter pour quatre ans, le Président, le Gouvernement et le Parlement ont une chance unique de réaliser, dans le consensus des bonnes volontés, la refondation nécessaire du régime. C'est une tâche grave, importante, difficile, et qui ne doit pas s'enliser dans les demi-mesures, les complaisances et les obscurités. Comme en 1793, comme en 1848, comme en 1875, en 1946 et en 1958, il faut d'abord s'entendre sur les principes et sur la valeur morale des institutions qui fixeront la règle du jeu politique.

Comme tout le monde, je me suis fait une certaine idée de la France. Je me méfie de ceux qui prétendent que la leur soit la plus exacte, et plus encore de ceux qui prétendent en être eux-mêmes l'incarnation. Je suppose simplement que je ne suis pas seul, et qu'en me laissant guider par mes propres convictions je vais contribuer à la définition de cette image virtuelle qui sera la République de l'an 2000, à la recherche des principes d'une organisation en qui tous les Français pourront se reconnaître.

Mon idée de la France est à la fois très précise et très floue. La France est un pays qui est le mien, où tous les miens sont nés depuis la nuit des temps, mais où je ne suis pas né, où je n'ai pas été élevé. Pourtant j'ai baigné dans sa langue, dans sa culture, dans son histoire, j'ai absorbé dans mes premiers livres de lecture tous ses tics intellectuels, ses manies, ses vertus et ses vices. Elle était, au Nord-Est de mon enfance, un continent de légendes. Voyageur et voyeur, j'ai rencontré dans diverses parties du monde des gens pour qui une sorte de France était une sorte de phare. Des exilés qui y voyaient un hâvre, des prisonniers qui y voyaient une liberté, des pauvres qui y voyaient l'abondance. Des riches aussi, qui en aimaient le luxe, et des artistes, qui en aimaient la lumière.

C'est pourquoi la France est pour moi un pays inclassable et divers. Capable du meilleur et du pire, et d'associer les contraires. Le pays de Corneille et celui de Racine, celui de Robespierre et celui de Danton, celui de Voltaire et celui de Rousseau, celui de Bossuet et du marquis de Sade, celui de Chateaubriand et celui de Talleyrand, celui de Proust et celui de Céline, celui de Pascal enfin et de

Descartes, dont l'opposition nourrissait dans ma jeunesse et nourrit peut-être encore, l'esprit embrumé des futurs bacheliers. Je n'aimerais pas, je l'avoue, qu'elle devînt seulement le territoire d'une secte au front bas, au regard étroit, qui prétendrait limiter sa grandeur.

Je ne la vois représentée par aucune vierge pâle échappée d'un livre de Maeterlinck. **Charnelle** est, chez Péguy, le mot qui lui convient le mieux. Homme ou femme, je l'imagine forte, dure à la peine, ardente au plaisir, riche de trésors de pitié et capable de terribles colères.

Pour moi, l'âme de la France est sa diversité. Il me semble que l'Histoire confirme ma thèse avec son témoignage: Ce large espace au croisement des routes de l'Europe, ouvert à tous les vents, ne peut se replier sur soi sans se renier. Peut-être, si ce pays s'était construit autour d'une capitale auvergnate, près de Gergovie, ou morvandelle, près d'Alésia, accrochée aux massifs austères qui occupent le centre du territoire, aurait-il pu évoluer vers une position défensive d'une identité séculaire. Mais il s'est fait autour et à partir de Paris, sur un grand fleuve, dans une large plaine ouverte à toutes les communications, comme si cette ouverture et cette facilité d'échange étaient sa raison d'être.

Certes, une telle disposition a facilité quelques invasions. Mais la France elle-même ne s'est pas privée, tout au long des siècles, d'envahir ses voisins et le passage de Louis XIV dans le Palatinat, celui de Napoléon dans toute l'Europe, ont laissé des traces à peine cicatrisées dans l'histoire de peuples qui sont aujourd'hui nos amis et nos alliés. Souvent agressée, la France a souvent été l'agresseur, et nous n'avons aucun droit de nous retrancher dans un rôle exagérément candide, et de jouer à être "Fleur de Marie" persécutée par les méchants d'un chapitre à l'autre des "Mystères de Paris". Gardons-nous d'une mémoire à sens unique, qui se souvient de la dernière vague de la conquête arabe arrêtée à Poitiers, mais place les Croisades entre parenthèses et oublie la conquête de l'Algérie et la réduction des révoltes kabyles.

La vérité est que ce pays s'est constitué d'éléments divers en s'élargissant patiemment au cours des siècles. Et si certaines de ces parties, aujourd'hui, craignant d'avoir perdu leur âme dans une assimilation trop grossière, parfois brutale et souvent malhonnête, manifestent la volonté de réaffirmer leur identité, cela ne peut être qu'un formidable enrichissement pour le tout. Ainsi l'enseignement et l'usage des langues minoritaires devrait-il être largement développé, pour mettre en valeur une partie cachée du patrimoine, et aussi parce que ces langues, basque, bretonne, catalane, etc., dont le domaine s'étend au-delà des frontières, peuvent jouer un rôle important dans la construction européenne. La diversité française se nourrit de leurs spécificités et leur renforcement ne la menace pas, tant que c'est par la liberté que s'entretient le dialogue.

La France a souvent diffusé la liberté dans le monde, souvent constitué un repère pour des esprits libres, souvent accueilli des proscrits, des hommes et des femmes qui avaient perdu leur pays et parfois tout espoir de le retrouver. Elle n'a pas été la seule, il est vrai, et sur ce point il faut encore relativiser les choses, et rappeler la persécution des Huguenots, l'exil de Descartes en Hollande, de Voltaire en Prusse, de Victor Hugo ou de Zola en Angleterre. On a dit qu'aucun parti n'avait le monopole du coeur. Aucun pays n'a celui de la liberté. Seulement, en France, nous y sommes peut-être particulièrement attachés, parce qu'elle constitue le plus grand dénominateur commun de notre histoire, et le point de convergence de nos diversités.

Diversité des paysages, diversité des origines, diversité des accents, diversité des architectures, diversité des ressources et des modes de vie, diversité des cultures, ainsi ai-je toujours vu la France, et la vois-je encore, certes non plus de Dunkerque à Tamanrasset, mais des Vosges à l'Atlantique, des Alpes à la Mer du Nord, de l'Artois à Bonifacio. Et je n'imagine pas que sa République puisse ne pas tenir compte de ces diversités, et leur permettre de s'épanouir encore. Il me semble au contraire que le ciment de ses institutions doit être précisément sa volonté d'accueillir les contraires, sa capacité à les faire travailler et vivre ensemble, et à donner un horizon commun à tous ces citoyens.

Il me semble qu'on devrait définir la concitoyenneté comme St Exupéry définit l'amour: la faculté non pas de se regarder les uns les autres, mais de regarder ensemble dans la même direction. La direction choisie par la France s'exprime, depuis deux cents ans, dans les préambules successifs de nos Constitutions républicaines, en continuité les unes avec les autres, fondées sur un idéal commun que nous appelons les Droits de l'Homme et du Citoyen, et qui s'exprime par l'exercice collectif de la souveraineté, qu'on appelle la Démocratie.

Tout le travail de refondation de notre République doit donc tendre à améliorer l'exercice de ces droits, à définir nos capacités d'accueil et affermir la pratique de la démocratie. La vie, la liberté, la propriété, la recherche du bonheur et de la sécurité, tels sont les droits fondamentaux de l'Homme, tels qu'ils ont été déclarés en Virginie en 1776, répétés dans nos constitutions et dans la charte des Nations Unies. La recherche d'une égalité plus grande, la complexité croissante de nos sociétés, le penchant naturel de l'homme à étendre son espace en limitant celui de ses voisins, rendent aujourd'hui nécessaire de préciser davantage de règles et, en quelque sorte, de mieux détailler le catalogue de ces droits.

Sachons bien, toutefois, que chaque nouvelle affirmation vient sanctionner un manquement, et ne tirons pas vanité d'interdire ce qui n'aurait jamais dû être admis. Qu'il faille encore, dans nos sociétés dites avancées, proclamer les droits de la femme et les droits de l'enfant est évidemment un constat d'insuffisance. La référence constitutionnelle aux proclamations de la communauté internationale ne suffit pas pour corriger des attitudes et des comportements avilissants, asservissants ou pervers, mais elle est nécessaire pour permettre à l'État de remplir son rôle organisateur et protecteur.

La liberté d'aller et de venir, la liberté de s'établir non seulement sur tout le territoire de la France, mais sur celui de tous les états de l'Union Européenne, la liberté d'association, la liberté d'entreprendre et de travailler, la liberté de pensée et la liberté d'expression, la liberté de culte, la liberté d'aimer, nous sont devenues habituelles. Leur répétition incantatoire et périodique ne suffit cependant pas à les établir dans les faits. Car la liberté de chacun ne saurait mettre en cause celle des autres. La liberté d'expression, renforcée par les possibilités de la communication électronique (Internet), mais aussi conditionnée par la préoccupation d'un gain matériel, rabaissée par la flatterie des instincts les plus vils de l'homme — et les plus faciles à identifier —, peut déboucher sur la banalisation de la violence, de formes dégradantes de la sexualité, sur la propagande et le mensonge, parfois sur la calomnie, au détriment de la liberté de s'informer, pourtant elle aussi essentielle au développement de la personne humaine.

L'État doit-il être impuissant lorsque la liberté, détournée de son objet, met la provocation au service d'intérêts financiers? N'y a-t-il pas tromperie lorsqu'on invoque le supplice du chevalier de La Barre, pour justifier l'application de l'antiracisme au commerce de la bonneterie ou à la vente d'une automobile des croyances bouddhistes ou chrétiennes? La liberté du culte - étrangement affirmée en France par leur contrôle par le ministère de l'Intérieur - se heurte à l'établissement de sectes, considérées par leurs membres comme des religions nouvelles, mais dont les buts et les pratiques attentent à d'autres droits, parfois à la morale générale, et même au droit à la vie.

Au cours du temps, certaines vérités perdent leur valeur absolue et certaines affirmations deviennent injustifiées, voire injustifiables. Prenons en exemple le deuxième amendement de la Constitution des Etats-Unis, qui énonce que "*Une milice bien réglée étant nécessaire à la sécurité d'un état libre, le droit du peuple de détenir et de porter des armes ne sera pas transgressé*". Il est difficile d'admettre que ce texte, expression du droit collectif d'un petit groupe de pionniers et de rebelles, posé au bord d'un continent hostile, soit invoqué aujourd'hui pour justifier la détention individuelle et la vente libre de pistolets et de fusils, qu'on retrouve entre les mains de tueurs adolescents.

La plus grande inquiétude du moment vient des questions de morale et de droit que pose l'évolution actuelle des techniques de la biologie et de la médecine, quant à la transmission et à la conservation de la vie humaine. Ici, la morale publique, source de règle, touche dangereusement à la morale privée, espace de liberté. Des avancées de la science peuvent à tout moment venir bouleverser des certitudes et remettre en cause des attitudes individuelles ou collectives. Il est impossible d'édifier un droit positif sur de telles interrogations, mais la déclaration de droits qui, dans une longue perspective, doit précéder et qualifier un nouvel édifice institutionnel, ne pourra pas ne pas en tenir compte.

La constitution du XXIème siècle devra, certes, s'ouvrir sur la déclaration des droits essentiels de vie, de liberté, de dignité, d'égalité, de sécurité, plus solennellement peut-être que par le simple rappel des constitutions antérieures. Mais proposons qu'en outre elle prévoie l'émergence de conflits entre des droits égaux. Si l'arbitrage, en pareil cas, ne peut et ne doit appartenir qu'au suffrage universel, il faut éviter que les passions d'un moment n'entraînent l'opinion publique à des choix irréfléchis. Il faut éviter que des manipulations démagogiques, profitant d'un événement grave ou d'une situation de crise, n'obtiennent du peuple souverain une décision que l'Histoire, plus tard, ne pourrait que condamner.

Il existe, depuis 1958, et c'est sans doute une des plus précieuses innovations de cette constitution, un Conseil Constitutionnel chargé d'examiner, sous l'aspect juridique, les actes du Gouvernement. Pour les examiner sous l'aspect de la morale républicaine, il conviendrait d'institutionnaliser le comité d'éthique qui n'a aujourd'hui qu'un rôle consultatif, ou plus simplement d'élargir à l'éthique la compétence et le recrutement du Conseil Constitutionnel, d'y nommer non seulement des personnes qualifiées par leur compétence juridique, mais des personnes d'une autorité morale reconnue, et enfin de lui donner le pouvoir de demander au chef de l'État la saisine de l'autorité nationale suprême - c'est à dire du corps électoral - par référendum. Ainsi le système de nos institutions disposerait-il du moyen de les faire évoluer sans heurts vers un respect toujours plus grand des droits de tous.

État de droit, état des droits de la personne humaine, la République française s'est proclamée, dès ses origines, terre d'asile. Le préambule de la constitution de 1946, placé en exergue de celui de l'actuelle constitution, est fort clair là-dessus, et sa formulation, si on voulait bien la reprendre, éviterait un grand nombre des dérapages verbaux que provoque le sujet: *Tout homme persécuté* **en raison de son action en faveur de la liberté** *a droit d'asile sur les territoires de la République.* Cette phrase sans ambiguïté ne prévoit pas l'asile automatique aux exilés passifs, c'est à dire aux personnes qui se sentent menacées dans leur pays d'origine pour leur seule appartenance à une communauté persécutée. C'est en effet une application perverse du droit d'asile, et une grave erreur, que d'encourager les victimes potentielles d'un génocide ou d'une "purification ethnique", selon une expression sinistre et maintenant bien connue, à fuir par milliers devant la menace, et à céder devant leurs bourreaux. S'il faut agir, et il est bien certain qu'il faut agir, c'est sur le terrain, en empêchant le crime, en mettant les criminels hors d'état de nuire, par une action concertée, puissante et sincère de la communauté internationale. L'exode massif est une démarche trop tragique, et trop lourde de conséquences, pour qu'on doive l'encourager. Les images insoutenables des camps de réfugiés en Thaïlande et au Zaïre n'ont pas besoin de commentaire.

On a parlé de "devoir d'ingérence". Il est en effet inadmissible de "laisser faire" les criminels, de rester indifférents aux massacres, aux exactions, comme aux famines, aux épidémies, aux calamités naturelles. Il est en revanche inadmissible que cette ingérence puisse être dictée ou nuancée par des considérations d'influence politique ou d'intérêts économiques. Aucun pays, pas même la France, ne peut s'arroger le monopole de dire le droit au monde entier. Pas davantage les États-Unis. Aucun pays ne peut décider seul d'appliquer des sanctions à un peuple pour punir ou déstabiliser ses dirigeants. Aucun pays ne peut davantage se permettre de contourner les décisions de la communauté internationale et d'encourager l'iniquité d'un gouvernement oppressif pour assurer des approvisionnements ou des débouchés à sa production. Encore moins a-t-il le droit de contribuer à l'oppression en lui fournissant les moyens de s'exercer. La transparence des institutions, et le contrôle rigoureux de l'action publique par la volonté démocratique, doivent assurer que la France ne transige jamais, nulle part, sur ses principes.

Ceux qui se sont battus pour la liberté, ceux qui sont personnellement menacés pour cette raison, ceux qui sont prêts à continuer le combat, ceux-là doivent trouver en France un asile inviolable, et la certitude de n'être pas sacrifiés à des intérêts de politique immédiate. C'est affaire de morale publique et de dignité nationale. Ce droit d'asile doit être solennellement affirmé et garanti par les tribunaux. Il ne faut pas que, dans l'avenir, la France puisse être soupçonnée, cédant secrètement aux injonctions d'une autre puissance, de repousser, voire trahir, ceux qui ont fait appel à sa générosité. Notre système juridique, et notre volonté politique doivent être assez forts pour garantir notre administration contre de telles tentations. Notre raison cependant doit se garder des excès, et s'il est juste d'accueillir et de protéger un homme parce que ses écrits ne sauraient lui valoir la mort, il n'est pas décent d'assurer la publicité d'un écrivain médiocre et ennuyeux dont la seule gloire est d'avoir offensé les croyances du peuple dont il est issu, et il est moins décent encore de lui conférer les ordres de la République. Les droits imprescriptibles de la personne humaine doivent être l'objet d'une vigilance et d'un combat de tous les instants, mais il n'est pas légitime d'en agiter la bannière à tous vents, et d'en faire un thème de surenchère électorale. Je voudrais que, là aussi, nos plus hautes institutions juridiques, le Conseil Constitutionnel, le Conseil d'État, eussent leur mot à dire, pour fortifier la France dans son état de terre d'asile.

Le problème des migrations économiques est tout autre, même si les spécialistes de la confusion et de la haine affectent souvent de le confondre avec le précédent. En simplifiant, on peut dire que la France, pays d'émigration jusqu'au milieu de ce siècle, est devenu un pays d'immigration depuis le milieu du siècle dernier, par une transition à peu près régulière. Ces migrations étaient surtout animées par le jeu de l'offre et de la demande de main d'oeuvre. Les centaines de milliers d'ouvriers venus de tous les bords de la Méditerranée participer à la formidable croissance des années 50 et 60 représentent sans doute la dernière vague de ce mouvement historique.

Depuis quelques années, alors que l'offre d'emploi s'est réduite, la tension migratoire est alimentée par le déséquilibre démographique qui s'est établi entre un petit nombre de pays riches et un grand nombre de pays pauvres, ainsi que par les catastrophes humaines et naturelles que sont les guerres, les famines, la désertification. Il est futile de prétendre élever des barrières autour d'un territoire pour l'empêcher. Nous savons que même le mur de Berlin n'était pas infranchissable. Il y aura toujours une immigration clandestine, entretenue par l'esprit d'aventure, la volonté d'échapper à la misère, ou les souvenirs enjolivés du passé. Mais cette immigration clandestine est affaire de police et de justice et les textes fondamentaux doivent seulement disposer que sa répression soit faite dans des conditions de dignité et d'humanité compatibles avec la vocation de la France. En particulier que soient réprimés plus durement les nouveaux trafiquants d'esclaves.

Au niveau des principes, il faut cependant que le pays se détermine sur une politique à long terme: tant que dureront les déséquilibres actuels, il y aura menace — ou possibilité — de migrations massives et incontrôlables. Or rien n'indique que ces déséquilibres soient en voie de réduction, et les vieux pays industriels semblent confrontés à un choix impossible: importer des produits à bon marché ou importer de la main d'œuvre. Dans les deux cas, l'économie ancienne est déséquilibrée, le chômage s'accroît et le niveau de vie est menacé. La réduction des inégalités du développement doit donc être considérée comme un problème essentiel pour l'évolution du monde au cours des prochaines décennies.

L'objectif à atteindre est de créer dans les pays pauvres assez de richesse, et d'espérance de progrès, pour démotiver l'émigration. L'investissement public et privé, l'aide technique, financière, pédagogique et humanitaire, sont les outils de cette création. Il n'y a là rien de nouveau. Mais si cet effort est nécessaire — et il l'est — il convient que les citoyens le comprennent et qu'ils proclament leur volonté de le faire. Il s'agit d'une œuvre urgente mais de longue haleine, qui doit échapper au cycle trop rapide des changements de majorité politique pour entrer dans un large consensus associé à la refondation de la République.

Pendant le temps que durera ce redressement de la balance économique et démographique, il faudra accepter et contrôler une immigration modérée vers les pays riches. Cette immigration de personnes actives peut — cela a été dit — être une chance pour les pays vieillissants, en rétablissant une pyramide des âges aujourd'hui déséquilibrée. Certes, cela entraînera un bouleversement de nos habitudes culturelles, mais nous avons, si nous le voulons, les moyens de le rendre bénéfique pour notre diversité fondamentale. Certains peuples, d'Afrique ou d'Asie, qui, libérés de notre influence politique, restent liés à l'espace francophone, sont sans doute mieux préparés que d'autres à une telle association, pour peu qu'on accepte, de part et d'autre, d'abandonner de vieux fantasmes et d'injustes préventions.

Il y a d'ailleurs une certaine indécence à fermer nos frontières à des peuples que, dans le passé, nous avons recrutés par centaines de milliers pour combattre sous notre drapeau, et que nous avons longuement persuadés — souvent de bonne foi — que le progrès consistait pour eux à préférer notre culture à leur culture ancestrale..

Politique d'aide au développement, politique d'immigration contrôlée, ces mesures ne peuvent être prises isolément par la France. Elles devront être concertées avec les autres pays de l'Union Européenne, et c'est pourquoi leur orientation générale devra figurer au préambule de la Constitution, afin que le gouvernement ait la latitude et le pouvoir nécessaire pour les négocier, les décider, les appliquer.

Quoi qu'il arrive, il y aura toujours des étrangers en France, qui contribueront au développement de notre économie, à l'approfondissement de nos connaissances, au rayonnement de notre civilisation, et la Constitution devra veiller à ce que ces étrangers jouissent des mêmes droits que les citoyens français - même s'ils n'ont pas le privilège d'apporter leur suffrage aux décisions politiques nationales -.

Un égal respect de leur liberté, de leur dignité, de leur sécurité, doit répondre à leur acceptation des lois de la République. Un effort égal doit être fait pour leur formation. Un effort supérieur consenti pour faciliter leur intégration. Mais leur assimilation forcée n'est ni possible ni souhaitable. Leur langue et leur culture doivent être reconnues, comme un apport positif à notre propre diversité, et ce serait une grave erreur de prétendre leur imposer nos propres références - et uniquement celles-ci - car aucune plante ne peut se développer dans un nouveau terrain sans ses propres racines.

S'il est vrai que les Français ont parfois eu la tentation d'être xénophobes, ils se sont toujours montrés capables de surmonter la tentation. Ce n'est pas les traiter en adultes que d'esquiver l'explication des choix inévitables qui se posent à eux, et ce serait avoir une piètre opinion du suffrage universel que d'encourager les électeurs à des attitudes de repli frileux et inconscient face à la question de l'immigration. Certes ils semblent, depuis quelques années, avoir perdu confiance en l'efficacité de leur bulletin de vote, mais cela n'en souligne que mieux combien il est urgent de s'accorder sur le bon fonctionnement de la démocratie.

La désaffection des Français pour la chose publique, attestée par le taux élevé d'abstention aux élections, est en effet démentie par la ferveur avec laquelle les détenteurs du pouvoir comme leurs adversaires, comme les analystes, les chroniqueurs, les journalistes et le monsieur qui lit son journal en attendant l'autobus, se précipitent régulièrement sur les résultats du moindre sondage, et la facilité avec laquelle on peut convaincre, n'importe où et n'importe quand, n'importe quel citoyen de dire très haut ce qu'ILS devraient faire, s'ILS étaient (honnêtes, courageux, intelligents, etc.,) ou s'ILS avaient (de la tête, du coeur, du mou, des tripes, des c..., etc.,) selon le vocabulaire employé dans le microcosme où il pérore.

Malheureusement, dès qu'il s'agit d'exprimer son choix par un bulletin, le citoyen fait la moue, hausse les épaules, et part à la pêche. Les Français étant parfaitement cartésiens, cette attitude apparemment contradictoire a nécessairement une cause logique. C'est que les Français ont perdu, vis à vis de leur système politique, toute confiance et tout enthousiasme.

Le Français a appris à se méfier de la disproportion entre le lyrisme qui précède les élections et le réalisme qui les suit, comme de la réticence qu'a tout candidat à avouer l'étroitesse de sa marge de manoeuvre. Le corps électoral, qui a souvent plus de sagesse que ne l'imaginent ceux qui briguent son suffrage, sachant qu'aucun parti ne fera que les alouettes tombent rôties du ciel, n'est guère enclin à croire ceux qui annoncent des miracles. Et lorsqu'un candidat ou une candidate, par hasard, calcul ou sincérité, lui dit la vérité, il doute que le corps politique laisse libre d'agir cette honnêteté — exceptionnelle — .

Pour que la démocratie fonctionne à nouveau dans ce pays — et par démocratie on entend le pouvoir du peuple, exercé par le peuple ou au nom du peuple, et pour le peuple — il faut se débarrasser des incantations de la démagogie et du recours systématique à la technocratie. Les deux vont de pair. Il faut que le corps politique perde ses mauvaises habitudes d'emphase et ses manières de commis-voyageur. Il faut que s'établisse une distinction nette entre le fonctionnaire, qui gère, qui administre et qui définit les risques en fonction de données objectives, et le politique qui tranche, qui choisit, qui gouverne au nom de l'intérêt général. Il faut aussi que des règles de droit soient fixées, pour que les citoyens retrouvent le chemin des urnes, en étant convaincus que leur voix sera écoutée, convaincus que ceux qui l'ont sollicitée les ont honnêtement informés, convaincus que leur décision souveraine ne sera pas remise en cause par des combinaisons politiques, par les cris de la rue, ou par le machiavélisme puéril d'un Président ombrageux des sondages.

Tout le travail de refondation auquel sont appelés les Français doit commencer par un effort de rigueur morale et de rigueur juridique, qui réaffirme les principes de la République, rende au citoyen la part de souveraineté qui lui revient, et détermine le champ et les moyens d'action du pouvoir politique.

4

LA SEPARATION DES POUVOIRS

On répète depuis Montesquieu qu'une bonne organisation politique doit assurer la séparation des trois pouvoirs: législatif, exécutif et judiciaire. Séparation relative et non pas indépendance absolue, car tous trois doivent se plier aux volontés au Souverain, c'est à dire, en démocratie, aux décisions du suffrage universel. Mais ce pouvoir politique ne s'exerce pas dans le vide. Il est entouré, contenu, parfois contrarié, par d'autres pouvoirs: celui de l'économie, celui de l'information, celui de l'opinion. C'est pourquoi le principe de la séparation des pouvoirs doit être considéré aujourd'hui beaucoup plus largement qu'au XVIIIème siècle. Elle représente pour le Constituant un défi d'autant plus grand que l'opinion, l'information, ni l'économie, n'ont à se soumettre aux institutions. Mais c'est un principe dont l'application logique n'a pas varié: il garantit la dignité du débat parlementaire, la sérénité des juges, la légalité des actes du gouvernement et de l'administration, le respect des droits de tous et de la liberté de chacun.

Tout le bon fonctionnement d'une démocratie représentative dépend de la qualité du débat parlementaire. Seul le dialogue entre une majorité gouvernementale et une opposition, et entre toutes les tendances à l'intérieur de cette majorité et de cette opposition, permet de tenir compte de toutes les aspirations et de tous les intérêts des citoyens. Le système électoral mis en place par la constitution de 1945 ne permettait pas la formation de majorités stables à l'Assemblée et le débat parlementaire, parfois brillant, ne pouvait arriver à aucun résultat concret. La Vème République a connu des majorités fortes, quelquefois écrasantes, où parfois le débat, arithmétiquement inutile, semblait seulement mettre en scène un acte législatif convenu d'avance et imposé par le pouvoir exécutif. Certes, avec le temps, les blocs hérités de la vision manichéenne des artisans de la constitution de 1958 se sont effrités. Les tendances internes se sont diversifiées. Divisées ou "plurielles", la majorité et l'opposition connaissent à nouveau l'animation des dialogues internes et c'est peut-être un signe que le pouvoir législatif est prêt à retrouver son autonomie face à l'exécutif, quarante ans après les assemblées de "godillots" qui ont marqué les premières années du régime actuel. Il reviendra au Constituant, par un habile dosage de représentation proportionnelle et de scrutin majoritaire, de conforter cette tendance, sans tomber dans les excès du passé. Il lui reviendra, surtout, d'établir un système électoral assez juste pour n'être pas contestable, et de le mettre à l'abri de constantes manipulations, car la France ne peut accepter que chaque assemblée nouvellement élue ait pour premier souci de modifier la loi électorale, afin, peuvent penser les esprits chagrins, de préparer sa réélection. Des dispositions constutionnelles précises, et l'autorité accrue du Conseil Constitutionnel seraient sans doue nécessaires pour limiter ces manipulations de convenance, qui désorientent le citoyen et donnent une mauvaise image de la République.

C'est d'abord par ses assemblées que la nation exerce sa souveraineté, et tout doit être fait pour étendre leur pouvoir, et hausser leur dignité. Tout doit être fait aussi pour que les juges, qui s'expriment au nom du peuple français, soient toujours sûrs de pouvoir exercer leur mission en toute indépendance et toute sérénité.

La réflexion préalable aux réformes nécessaires a été engagée et aboutira sans doute, pourvu que les institutions et les personnes qui ont le contrôle des moyens, en aient la volonté. Mais il faut avoir le courage de refuser les demi-mesures: la complète refonte de la Constitution donnerait l'occasion d'aller beaucoup plus loin que l'aménagement des textes actuels, en levant l'ambiguïté qui pèse sur la notion "d'indépendance e la magistrature".

Si en effet le principe de la séparation des pouvoirs impose que ni le pouvoir exécutif, ni aucun membre du corps législatif, ne contrôlent le pouvoir judiciaire, il n'y a aucune raison pour que ce dernier soit indépendant de la volonté nationale et du suffrage universel auquel sont soumis les deux autres. Les

États-Unis disposent, au niveau local, d'un système d'élection des juges et des procureurs qui peut paraître séduisant, mais qui conduit à une grande corruption et à des pratiques judiciaires difficilement tolérables. En revanche, il est intéressant de considérer la manière dont sont désignés les secrétaires d'état et les titulaires des plus hauts postes de l'Administration américaine. Les candidats, désignés par le Président, sont examinés par le Congrès et leur nomination n'intervient qu'avec son approbation. Une procédure analogue, appliquée en France à la nomination des principaux magistrats du siège et du parquet, de l'ordre judiciaire comme de l'ordre administratif, ou de la Cour des Comptes, donnerait plus de transparence à la neutralité des juges, déjà garantie par le principe d'inamovibilité, mais qui, dans l'histoire récente, a été plusieurs fois mise en doute de manière inadmissible, chaque personnage politique impliqué dans une affaire judiciaire se pressant de crier au complot.

En améliorant ainsi l'équilibre des positions du juge, de l'élu et du gouvernant, en renforçant la conception classique de la séparation des trois pouvoirs, on garantira un meilleur fonctionnement de la puissance publique dans la cité, c'est à dire la solidité du pouvoir politique, contrôlé par le suffrage universel. Mais cela n'est pas suffisant. Il faut aujourd'hui élargir notre perspective. Au pouvoir politique, s'opposent trois autres pouvoirs, presque indécelables au temps de Montesquieu, mais qui ont pris depuis une importance considérable: le pouvoir de l'argent, le pouvoir de la presse, le pouvoir de l'opinion.

L'opinion n'est pas le suffrage. A plusieurs reprises, dans un passé récent, les sondages ont été démentis par les résultats des élections. Il y a donc une règle de prudence à observer dans leur interprétation, et cette règle est constamment rappelée, à ceux qui ont intérêt à entretenir la confusion, par les personnalités politiques qui les demandent et par les spécialistes qui les organisent. Mais cette prudence dans l'interprétation ne suffit pas: la peur de l'impopularité, d'autant plus forte chez les politiciens médiocres qu'elle est plus justifiée, conduit certains à infléchir leur action en fonction des sondages incessants que leur apportent les instituts d'étude de l'opinion publique. Ainsi voit-on naître deux absurdités, qui ne sont probablement pas étrangères à l'abstentionnisme de l'électorat:

Pendant les campagnes électorales, les résultats de sondages presque quotidiens semblent tenir plus d'importance dans l'esprit des Français que le débat d'idées, et un observateur lointain pourrait penser qu'un Pari Mutuel Urbain sur le résultat d'une élection attirerait plus de parieurs que l'élection elle-même de votants. Il est vrai que le débat d'idées est souvent réduit à quelques clichés, quelques invectives, et des rodomontades appuyées sur une abondance de chiffres et de termes savants qui éblouissent ceux dont on sollicite le suffrage. Après le passage des candidats dans une de ces émissions de télévision qui représentent pour eux déjà une consécration, on ne dit pas que tel ou telle a eu raison, mais qu'elle ou il a bien parlé. Et le sondage du lendemain prend valeur de sanction, imprimé en première page des quotidiens avec les mêmes gros caractères qui indiqueront, un peu plus tard, le résultat d'une élection que, peut-être, beaucoup auront eu la faiblesse ou la naïveté de croire jouée d'avance. Ce n'est pas pendant la dernière semaine d'une campagne que la publication des sondages devrait être interdite, mais pendant la campagne entière, afin que les citoyens puissent n'être pas détournés de ses enjeux réels et de la responsabilité qui est, finalement, la leur.

On a souri de l'influence exercée par des voyantes et des mages sur un président des Etats-Unis, qui ne faisait aucun mystère de n'être pas issu de l'élite intellectuelle de son pays. On devrait s'indigner de voir les gouvernants de la France, formés dans des écoles prestigieuses, laisser les sondages orienter leur politique au point de ne plus tenir compte de leurs propres analyses préélectorales, et virer de bord à la moindre saute de vent, ce qui est, — une heure en mer sur un voilier suffit à l'enseigner — un excellent moyen de chavirer. On sait que la conduite d'un pays est un art difficile, que les problèmes sont complexes et les difficultés enchevêtrées, qu'aucune politique ne peut produire d'effet à court terme. Et pourtant, en fonction des sondages et des bruits de la rue, on se hâte de juger l'action d'un gouvernement dans les mois et les semaines qui suivent son arrivée au pouvoir. Ainsi, des gouvernements sont-ils tombés en France, avant d'avoir pu mettre en œuvre quelque politique que ce soit, simplement parce que l'opinion désavouait, sur des indices d'apparence, le choix du suffrage universel. Cela est dangereux et peut-être faudrait-il aller jusqu'à interdire la publication de sondages pendant les premiers mois de la législature. Pour reprendre l'expression d'un ancien Premier

Ministre: "*il faut laisser le gouvernement travailler*". Ce n'est d'ailleurs qu'à ce prix qu'on pourra le juger, en toute rigueur.

Et parce que les politiques auront toujours du mal à se sevrer eux-mêmes de cette drogue que sont devenus les sondages, il pourrait revenir au Constituant, et pendant la vie de la constitution au Conseil Constitutionnel, d'édicter et de faire appliquer les règles du respect dû au suffrage universel. On objectera sans doute que l'information est libre, et que la presse étrangère n'étant pas tenue de suivre les règles françaises, les sondages interdits chez nous reparaîtraient vite à Genève ou à Londres. Cela est vrai. Mais avec moins de bruit, car même un Français doit accepter que les élections françaises ne soient pas la préoccupation principale du citoyen helvétique ou britannique. Au fond, ce n'est pas la publication des sondages à quoi il faut s'opposer, mais leur publicité. Peu importerait au fond qu'ils parussent quotidiennement, si c'était en petits caractères, à la manière des faire-part de décès ou des cours de la Bourse, reflétant ainsi leur nature réelle, d'instruments d'analyse offerts à tous mais réellement utiles aux seules personnes concernées. Car il faut se garder, même au non du bon sens et du bon fonctionnement des institutions, d'enfreindre une des libertés les plus précieuses, et la plus nécessaire à l'exercice de la démocratie: la liberté d'information.

L'information a pris, en quelques dizaines d'années, une telle importance et un tel poids, qu'elle constitue un véritable pouvoir dont l'indépendance réciproque avec le pouvoir politique constitue une des garanties de la démocratie. Mais encore faut-il dissocier cette notion de pouvoir de l'information de la notion de liberté d'information. Pouvoir et liberté sont deux concepts dont l'ample frontière commune est une zone de conflits permanents.

Il n'y a pas de démocratie sans liberté de la presse. Si parfois la presse semble trop prompte à mettre en cause les personnalités de l'État et les serviteurs de la République, c'est sans doute que les lecteurs, prévenus, sont prêts à voir le feu couver sous n'importe quelle fumée, et à présumer de la faute, en l'absence de preuve, par la réputation du témoin. La mauvaise opinion que le peuple a de ses élites est à l'origine de la mauvaise presse que les journaux leur font. Elle est fondée sur le comportement d'élus et de fonctionnaires, certes rares, mais qui semblent bénéficier du silence complaisant du plus grand nombre. Une bonne Constitution ne pourra à elle seule changer les attitudes de la classe gouvernante et les appréhensions des gouvernés. Mais elle devra prendre les dispositions les plus nettes pour assurer qu'aucune influence ne prive le peuple de l'information qui lui est due, sur l'action de ceux qui le représentent et de ceux qui l'administrent.

La liberté de la presse est contrainte quelquefois par les censures d'État, toujours par le poids de l'argent, et de plus en plus souvent par des prudences de conformisme intellectuel. Or la liberté d'accéder aux sources de l'information, la liberté d'écrire, la liberté de publier, la liberté de diffuser, la liberté de lire et la liberté de répondre doivent absolument être préservées, et il appartient à la collectivité nationale, dans son organisation, de se donner les moyens de leur préservation. Cela ne veut pas dire qu'il ne doit pas exister de secret de l'Instruction, de secret de la Défense, de secret opérationnel des négociations diplomatiques ou même financières. Mais il doit exister des règles claires pour que ce secret soit levé, vis-à-vis des juges ou vis-à-vis du Parlement, afin que le peuple sache que tout ce qui est fait en son nom peut être contrôlé en son nom.

La neutralité du pouvoir politique doit être garantie par la justice. Pour qu'aucune idéologie totalitaire (même doucereuse et pétrie de bonne conscience) ne domine l'information, il appartient à l'État de garantir, par le moyen de l'enseignement, le développement de l'esprit critique individuel.

L'histoire de la Vème République est particulièrement riche en exemples de tentatives du pouvoir exécutif pour influencer la presse. Il est difficile de dire si ce fait découle de la nature même du régime, du développement des moyens d'information, ou de la personnalité des hommes. Un peu des trois sans doute. Il sera toujours difficile à tout gouvernement, à toute administration, de résister à l'envie de contrôler l'information. Souvent dans le souci par ailleurs louable de protéger l'intérêt public. Cela ne sert de rien, et on connaît des milliers d'exemples, en France ou ailleurs, "d'affaires" qu'on a vainement tenté d'étouffer, de foyers de scandale mal éteints qui sont devenus d'immenses incendies. Les mentalités ne changeront que lentement et ce qu'on appelle la politique de l'autruche pourrait sans doute, bien plus justement, être appelée le comportement habituel du politique. Pour garantir la liberté de l'information, il faut garantir l'indépendance des juges et renforcer le contrôle du parlement sur l'exécutif, c'est à dire améliorer le fonctionnement de la démocratie. Ce sont deux concepts qui se nourrissent l'un de l'autre: il ne peut pas y avoir de démocratie sans information objective et complète des citoyens; il ne peut pas y avoir d'information sans la transparence et le pluralisme de la démocratie.

Jusqu'où doit aller la liberté? Jusqu'au bout, évidemment. Mais si toute entrave au journalisme d'investigation doit être fermement et justement rejetée, il ne faut pas que la calomnie et le ragot se mêlent à l'analyse objective. Chacun est libre de l'interprétation qu'il doit donner aux faits. Mais les faits doivent être avérés pour être incontestables. Lorsque les principes sont bafoués, lorsque la loi est violée, lorsque le règlement est transgressé, le devoir de la presse est d'informer le peuple; le devoir de la justice est de sévir contre les transgresseurs.

Le rôle de la presse et celui de la justice doivent rester rigoureusement indépendants, voire antagonistes; ils sont pourtant intimement mêlés, car s'il appartient à la presse de respecter, et à la justice de faire respecter la présomption d'innocence de toute personne, il appartient à la justice de rechercher toutes les responsabilités, les culpabilités et les méfaits, et à la presse de rechercher et de commenter la vérité, y compris sur l'administration de la justice. C'est un exercice délicat, difficile, et qui dépend essentiellement de la valeur intellectuelle et surtout morale des juges et des journalistes. C'est à eux, à eux d'abord, et sans doute à eux seuls, qu'il appartient d'améliorer la formation et de garantir la déontologie de leur profession.

Le problème s'est compliqué depuis le développement des réseaux de communication électronique (*internet*) qui permettent à peu près à n'importe qui de répandre n'importe quelle rumeur, instantanément et dans le monde entier. Il est certain qu'une coopération internationale, juridique aussi bien que technique, doit permettre la répression de tous actes illégaux commis sur le réseau. Et il en est de très graves. Rien, dans les nouvelles institutions de la République, ne doit empêcher le gouvernement de s'associer dans la transparence à cet effort international, destiné à préserver, autant que sa liberté, la dignité et la crédibilité de l'information.

En tout état de cause, il importe que la calomnie soit réprimée, et surtout de tenir compte que son effet est irréversible, quelles que soient les rectifications postérieures. Il appartient sans doute aux journalistes d'y songer. S'il revient aux tribunaux de dissuader quelques artistes de la presse à sensation de fantasmer sur des faits non prouvés, il leur appartient aussi de rechercher l'éventuelle preuve des faits allégués, et de poursuivre, où qu'ils soient, leurs auteurs. Cela suppose que l'information soit traitée par tous avec esprit critique et discernement, et qu'on ne rende pas trop facilement les journalistes responsables des drames dont ils rendent compte. Et sans doute appartient-il aux citoyens, faisant preuve d'esprit critique, de se montrer exigeants à la fois vis à vis des juges, des politiques et des journalistes. Il n'est pas facile de refuser la facilité. Mais un pays a les représentants qu'il mérite, la justice qu'il mérite, la presse qu'il mérite, et le citoyen, lecteur ou téléspectateur a toujours tort de sous-estimer son pouvoir, car il est bien plus efficace de ne pas acheter un journal, ou de "zapper" sa télévision, que de se plaindre amèrement du titre obscène qui fait les gros tirages ou des vingt-cinq minutes de faits-divers qui gonflent l'*audimat*, cette ultime sanction qui fait et défait les carrières des présentateurs.

Car, par-delà les principes de l'éthique et du droit, chacun sait bien que la vie des organes d'information dépend de leur rentabilité, qui s'exprime en tirage ou en indice d'écoute. C'est à dire que des pressions économiques considérables s'exercent sur la presse. Les journaux sont avant tout, pour beaucoup de leurs patrons, des machines à faire de l'argent. Récemment, en Grande Bretagne, les démêlés avec son éditeur de l'ancien gouverneur de Hong Kong, Chris Patten, ont montré les extrémités cyniques auxquelles pouvait se porter un homme d'affaires, magnat de la presse et de l'édition, pour tenter d'interdire la publication d'un livre, susceptible de contrarier ses intérêts financiers. La clef de cette soumission est dans le coût élevé de la production, et dans l'influence de la publicité. On a pourtant des exemples, en France et à l'étranger, de quotidiens qui respectent le lecteur en lui apportant de l'information et des commentaires sérieux et, sinon totalement impartiaux, ce qui les rendrait insipides, soumis à une ligne éditoriale claire, connue, nettement définie. "Le Monde", "The Independent", "El País", et bien d'autres, montrent qu'il n'est pas impossible d'éditer une presse digne et que la presse à scandale n'est pas le scandale inévitable de la presse. Mais les regroupements de journaux, la disparition de titres régionaux, les difficultés dans lesquelles se débattent les correspondants locaux, tout dénonce la menace que font peser les intérêts économiques sur la pluralité de l'information, gage de sa liberté.

Les jeux de l'argent sont si complexes que de simples lois contre les monopoles ne parviendront pas à libérer les journalistes de cette menace, tant que la presse n'aura d'autres ressources que la publicité. l'État devrait donc, par une politique active et courageuse, faciliter la naissance et la survie des journaux indépendants, d'abord en allégeant leurs charges, et peut-être en créant un fonds commun de financement, géré par une autorité indépendante comme le CSA, et diffusant des subventions comme il en est attribué aux partis politiques.

Tout, en tout cas, doit être fait pour garantir que l'information soit indépendante pouvoir économique, autant que du pouvoir politique. Car s'il est un pouvoir dynamique, envahissant, conquérant, subtil dans la préparation et brutal dans l'exécution de ses manœuvres, c'est bien le pouvoir de l'argent. Que l'économie facilite ou contrarie les entreprises du pouvoir politique n'est pas nouveau. L'influence des banquiers sur les princes a marqué l'histoire. Et la bonne santé de l'économie est nécessaire à l'accomplissement des desseins de l'État. Chacun a intérêt à ce que la production se développe, à ce que les prix soient stables, à ce que le crédit soit assez bas pour permettre aux entreprises de se procurer de l'argent et assez haut pour attirer les investisseurs.

Chacun souhaite que la monnaie soit assez forte pour payer les importations et assez faible pour favoriser les exportations, que les prix permettent au producteur de vivre et au consommateur d'acheter, et que la masse totale des impôts soit assez importante pour financer les projets du gouvernement et son poids relatif assez faible pour ne pas écraser les citoyens. La complexité des mécanismes économiques, l'imbrication des entreprises dans le réseau mondial, rend délicat l'exercice de cet équilibrisme constant. Elles accordent, de ce fait, une très faible marge de manoeuvre à un gouvernement, entre ce qui est économiquement possible et ce qui est politiquement souhaitable. Il y a une limite au pouvoir politique qui est réelle: c'est le "mur de l'argent" auquel se sont référés, dans le passé, certains responsables politiques pour expliquer leur échec.

Le pouvoir économique est exercé par les entreprises, le pouvoir politique par les institutions de l'État. Trop d'expériences malheureuses nous ont enseigné qu'il n'était pas bon de mélanger les genres, que l'État ne pouvait efficacement être ni industriel, ni commerçant, ni banquier. Le rôle de l'État est de répondre aux aspirations des citoyens en matière de liberté, de sécurité et de progrès. Obligé pour cela de composer sa vision politique avec la réalité économique qui lui est présentée, il sera d'autant plus fort qu'il sera lui-même clair, intelligible, sans ambiguïté et sans faille. Car il est une manifestation du pouvoir de l'argent qui est malsaine et inadmissible: c'est la corruption. Trop d'affaires bien réelles et trop de soupçons ineffacés pèsent sur la classe politique aujourd'hui. Si c'est l'effet de faiblesses individuelles, c'est surtout celui d'un climat délétère, d'habitudes acquises, et de la symbiose qui existe entre la classe politique, la haute administration et les grandes entreprises. Les institutions doivent assurer la séparation de ces pouvoirs, en limitant le "pantouflage" et les cumuls. Elles doivent aussi donner les moyens aux magistrats - de l'ordre judiciaire ou de la cour des Comptes - de contrôler rapidement et efficacement leur propre fonctionnement et les relations des représentants de l'État avec ceux de l'Argent. Leur action ne doit pas se limiter aux "lampistes" et aux "boucs-émissaires", mais entrer dans la profondeur des moeurs politiques et administratives.

Le haussement d'épaules, la résignation aux habitudes acquises, sont en ce domaine les pires lâchetés. La nouvelle République devra inculquer les principes essentiels de déontologie à tous ceux qui la servent, à quelque niveau que ce soit, c'est à dire que l'instruction civique doit cesser d'être un gadget pour redevenir - comme au temps de Jules Ferry - un élément essentiel de la formation. Il ne s'agit plus seulement de préparer la revanche contre un ennemi héréditaire devenu depuis un allié et un ami, mais de mener un combat énergique contre toutes les forces qui mettent en cause la démocratie, et prétendent la remplacer par le couple terrible de la technocratie et de la démagogie, dont le régime de Vichy a fait faire au pays la triste expérience.Sans doute est-ce moins une affaire d'institutions qu'une affaire de moeurs, mais la simplification des institutions est un instrument nécessaire, de la purification des moeurs et de la clarification du dialogue. .

Car le dialogue est l'essence de la démocratie.

Tout est dialogue: la politique, entre l'électeur et l'élu, le mandant et le mandataire; la presse, entre le rédacteur et le lecteur, entre le journal et celui qui l'achète; l'économie, entre le producteur et le consommateur, celui qui offre et celui qui demande, et qui tous deux se placent sur un cercle clos, occupant à tour de rôle les deux situations.

Tout est politique. L'acte de lire et celui d'écrire, l'acte de produire et celui de consommer, l'acte de voter et celui d'exercer un mandat. L'acte de juger et l'acte d'administrer. Car tout représente un choix plus ou moins conscient et délibéré, mais un choix qui doit rester libre. Tout dépend donc de la conscience citoyenne, et de l'éthique qui doit gouverner les relations entre chacun des individus, et chacun des noyaux, et chacune des cellules, et chacune des structures, hiérarchiques ou non, qui constituent la Cité, l'État, la Nation, quel que soit le nom qu'on lui donne, et qu'on peut appeler, tout simplement, la France.

.

5

NOUVEAUX POUVOIRS, NOUVEAUX ESPACES

Tout l'édifice de la démocratie repose sur la participation des citoyens aux choix de gouvernement, et sur la conscience qu'ils ont de leur responsabilité individuelle au sein d'une souveraineté collective. Le découpage territorial et les hiérarchies administratives, héritage d'un temps révolu, sont aujourd'hui obsolètes et ne permettent plus de bien définir cette responsabilité ni de bien exercer cette souveraineté. Pour répondre au besoin de clarté et de démocratie des Français, il faut envisager, audacieusement, une complète révision de nos circonscriptions administratives et électorales.

Curieusement, les Français votent d'autant moins qu'ils sont plus directement impliqués, et participent plus aux élections nationales qu'aux élections locales. C'est surtout vrai en ville, où les électeurs se passionnent pour l'élection du président de la

République, et traitent avec indifférence celle de leur conseiller général. Pourtant l'action de celui-là ne les touchera guère, alors que le travail de celui-ci aura un effet direct sur le fonctionnement des services scolaires et des oeuvres sociales du département. Cette bizarrerie est peut-être due, en partie, au fait que la grande presse — essentiellement nationale ou plus exactement parisienne — fait plus de bruit autour des élections nationales.

Si donc la presse se taisait, on aurait sans doute un taux d'abstention encore plus fort, et cette désaffection des Français à l'égard de la chose publique est un phénomène inquiétant, qui révèle un manque de confiance de l'électeur envers l'efficacité de son bulletin de vote. Elle est la cause fondamentale de la remise en question de la constitution actuelle, et tout le processus de la révision doit être guidé par ce souci permanent, de convaincre les citoyens — par des faits, non par des mots — que leur suffrage est important. Aujourd'hui les élus, portés au pouvoir par des majorités de plus en plus étroites, et par conséquent de moins en moins stables, sont conduits à compenser la perte de leur légitimité par des gesticulations de moins en moins convaincantes, qui accroissent encore l'indifférence ou la méfiance des électeurs. Il y a un enchaînement de l'abstention, dans lequel je crains que la France ne soit maintenant entrée, et dont elle risque de ne sortir que par la forte discipline et la forte motivation des militants extrêmes.

Pour sortir de cet engrenage, on a souvent avancé l'idée de rendre le vote obligatoire. Mais on ne voit pas bien comment cela pourrait être réalisé, ni quelle nouvelle administration tatillonne viendrait contrôler l'exercice du suffrage, infliger des sanctions, restreindre des droits liés à cet exercice. D'ailleurs, la notion de vote obligatoire a quelque chose d'absurde et heurte naturellement quiconque songe aux luttes que les peuples ont dû mener pour acquérir le droit de participer à leur propre gouvernement.

La Belgique l'applique pourtant, et on dit qu'elle n'est point si différente de la France par le tempérament d'une partie au moins de ses citoyens. Cet argument n'est pas une preuve. Car la Belgique doit avant tout gérer la coexistence de communautés linguistiques différentes, toujours promptes à prendre ombrage de leurs différences, et la variation des taux de participation électorale entre les différentes communautés pourrait avoir des résultats tragiques.

Comme, en outre, il est bien connu que notre esprit gaulois nous pousse à contourner les règles et à transgresser les obligations, le vote obligatoire que chacun souhaite imposer à autrui n'apporterait qu'un élément de plus à la confusion à laquelle on souhaite précisément mettre un terme. Il faudra donc chercher ailleurs le moyen de ramener les citoyens aux urnes.

Peut-être devrait-on envisager que les élections se déroulent, non pas un dimanche, mais un jour fixe de l'année, choisi en semaine, et qui serait chômé. La technique moderne peut mettre à la disposition du pays des procédés sophistiqués et rapides de scrutin, permettant de regrouper plus facilement chaque année toutes les élections à échéance régulière. Cette formule, qui existe dans d'autres pays, aurait l'avantage de conduire l'électeur à voter là où il travaille et là où il vit, et de faire disparaître le vote "de résidence secondaire", qui est à la fois un facteur d'abstention et un facteur de déformation des perspectives électorales. Sans doute aussi pourrait-on faire mieux respecter l'obligation d'inscription sur les listes électorales — et surtout de mise à jour de cette inscription à chaque changement de domicile —. On objectera que certaines échéances sont imprévisibles, comme la disparition du Président ou la dissolution de l'Assemblée. Mais si l'on veut bien admettre que la dissolution de l'Assemblée ne doit pas être l'effet d'une saute d'humeur, qu'elle est une mesure dramatique, qui doit représenter, en ultime recours, la résolution d'un conflit profond entre l'Exécutif et le Législatif, on peut considérer de tels événements sont assez graves et doivent être assez rares, pour justifier une journée exceptionnelle d'élections. Ainsi, les Français voteraient-ils sans doute plus volontiers.

Mais pour quoi voteront-ils? Il y a la commune, le département, la région, l'État, l'Europe. Il y a le canton, l'arrondissement, les syndicats intercommunaux, les districts, les pays et les bassins. Il y a les arrondissements des grandes villes.

Dans la France rurale traditionnelle, on connaissait bien le rôle du maire, celui du conseiller général, celui du député. Ils étaient souvent, d'ailleurs, tenus par le même personnage. Mais le paysage a changé, la France est largement urbanisée, et il n'est pas facile pour l'électeur, de savoir "qui fait quoi". D'autant plus que la répartition territoriale des responsabilités administratives n'est pas simple, et qu'il y a peu de dossiers, peut-être par une méfiance instinctive du pouvoir central, qui peuvent être traités à un seul niveau et par un seul service. L'électeur, qui est avant tout concerné par sa vie quotidienne, par sa famille et son emploi (ou sa recherche d'un emploi) ou par ses responsabilités associatives ou d'entreprise, renonce facilement à tout comprendre, et le candidat, qui est avant tout concerné par son élection, recourt volontiers à la solution de facilité qui consiste à politiser sa campagne. Ainsi, il arrive, dans une élection locale, que les citoyens abusés par une propagande aussi habile que tonitruante, accordent leur suffrage à un parti dont la seule ambition est de s'emparer du pouvoir d'État. Voilà pourquoi il est urgent de revenir à des définitions claires et précises, et pour cela de refaire la carte administrative et électorale de la France, de la simplifier et de la moderniser.

J'ai des amis basques que j'aime bien, et qui me font beaucoup de peine en s'entêtant à réclamer la partition des Pyrénées Atlantiques et la création d'un "département basque". Ce n'est point que la notion de l'identité basque me gêne, au contraire. C'est que le procédé me paraît mal adapté. Peut-être l'idée vient-elle trop tard. J'y vois une double erreur, quant à la taille et quant à la nature de la circonscription désirée. Le monde a beaucoup plus changé en deux siècles qu'au cours des deux siècles précédents. Or la structure de la France, édifiée à partir du règne d'Henri IV, était obsolète sous le règne de Louis XVI. Pourquoi s'entêter à prétendre que celle qui a été édifiée par la Constituante doive rester intangible pour l'éternité, et survivre, avec de menus accommodements, après l'an 2000?

Depuis la Révolution en effet, on s'est borné à réaménager des compétences et à ajouter des niveaux intermédiaires de décision. La base du système, c'est à dire le département, n'a jamais été remise en cause. Le département est une structure arbitraire calculée pour permettre à chaque administré d'atteindre, **dans la journée**, le centre de décision administrative le plus proche. Fort bien. Mais le calcul a été fait en un temps où l'on se déplaçait à cheval. Les moyens de transport actuels permettent de faire le voyage en une ou deux heures tout au plus. A l'échelle de l'an 2000, c'est la "région" qui correspond à l'ancienne définition du département.

Il y a 36000 communes en France, dont la population varie entre la centaine et le million d'habitants. Beaucoup de communes petites et moyennes se regroupent en districts, syndicats, pays, etc., toutes structures de nature associative et opportuniste et sans base politique. Dans les communes administrant quelques dizaines de milliers d'habitants, on éprouve, au contraire, le besoin de créer des "conseils de quartier", purement consultatifs, sans statut véritable, pour rétablir le dialogue entre l'exécutif municipal, accaparé par les charges d'une gestion de plus en plus lourde, et les électeurs qui ressentent une distance croissante comme une indifférence naissante. C'est la preuve que la structure communale, telle que nous la connaissons, est devenue une structure bâtarde, inadaptée, tantôt trop grande, tantôt trop petite, pour remplir les missions qui lui sont confiées. Une réforme s'impose. Elle ne sera pas facile. Sans doute faudra-t-il faire preuve d'imagination pour la projeter, de courage pour la réaliser, de clarté pour la proposer au suffrage universel. Nous n'en sommes qu'au stade de l'imagination. Si on donne un statut légal à ces conseils de quartier, leur taille sera comparable à celle des communes rurales, et ils pourront assumer les responsabilités que ces communes peuvent assumer seules. Ils pourront, surtout, ressentir la même cohésion, et contribuer efficacement à résoudre le malaise des villes et des banlieues.

Imaginons qu'on réunisse ces communes rurales et ces quartiers urbains en "districts", "villes", "cantons" ou "arrondissements" (ce n'est qu'un problème de taille et de terminologie) et qu'on place à la tête de ces regroupements des conseils élus qui hériteraient à la fois des dossiers intercommunaux et d'une partie de ceux qui sont du ressort du département. On allégerait ainsi la charge des communes en les conduisant à mettre en commun les équipements les plus lourds et les plus coûteux. La région prendrait alors en compte les plus importants dossiers de l'actuel département, et en particulier son rôle de circonscription administrative fondamentale. On pourrait alors rapprocher l'administration du public, en installant un représentant des services de l'État - préfet ou sous préfet - dans chaque district.

Quant aux régions, il n'est pas impossible qu'il faille les redessiner. Déjà, l'Université et la Défense ont procédé à des regroupements. Quelques unes sont trop petites pour avoir les moyens d'une véritable politique d'aménagement du territoire. Elles n'ont certes pas la même origine historique que les länder allemands ou les régions espagnoles, et elles ont encore, après moins de vingt ans d'existence, une perception inégale de leur identité. Mais le mouvement de la régionalisation a été mis en marche une fois pour toutes, et ne saurait s'arrêter. La réorganisation politique et administrative du territoire passe par l'élargissement du pouvoir des régions et la création d'un véritable gouvernement exécutif régional, comme elle passe par le regroupement fonctionnel des actuelles communes, comme elle passe par l'instauration d'une démocratie de proximité, dont le manque est particulièrement sensible dans les zones urbaines.

Il est logique que les responsabilités des régions soient redéfinies — comme celles de toutes les autres collectivités territoriales — sur le principe de la subsidiarité. Sans doute la centralisation a-t-elle été nécessaire, au nom de la construction de l'unité nationale, quand le progrès des sciences et des idées voyageait à la vitesse d'un homme à cheval. Sa lenteur et sa pesanteur en font un dangereux obstacle à la modernisation dans la France d'aujourd'hui et plus encore dans l'Europe de demain. Les nouveaux centres de décision devront être, le plus possible, rapprochés de leur base, et ne laisser remonter à Paris, et *a fortiori* s'échapper vers Strasbourg et vers Bruxelles, que les questions qui, concernant plusieurs régions, ne pourraient être traitées sur place. On objecte que cela pourra entraîner la naissance de nouvelles féodalités régionales. Il est vrai qu'une certaine forme de "caciquisme" est profondément enracinée dans notre pratique politique provinciale.

Mais on ne voit pas que le système centralisé ait réussi à faire disparaître ces puissants réseaux de clientèle locale. On peut penser au contraire que, si la région a davantage de pouvoir, si son fonctionnement s'ouvre à un contrôle démocratique plus exigeant, il sera plus facile de combattre ces dérives, lorsqu'il s'avérera qu'elles freinent en réalité le développement local.

Ainsi remodelées, renforcées, les régions françaises pourront-elles avoir une plus grande latitude pour s'accorder, dans les domaines de leur compétence, avec les autres régions d'Europe. Et nous voici de nouveau face au problème de mes amis basques. Le Nord du pays basque comprend trois provinces (Labourd, Soule et Basse-Navarre) qui ne représentent que la moitié — à peu près — du département des Pyrénées Atlantiques. Elles sont trop petites pour constituer une région dotée des pouvoirs — et surtout des moyens — de l'autonomie. Or il est évident qu'elles doivent pouvoir dialoguer et coopérer avec les quatre provinces Sud du pays basque: la Navarre et la puissante région d'Euskadi. Certes, il y a l'hypothèse de la rébellion d'ensemble, de la sécession et de la création d'un état basque, à cheval sur les Pyrénées. Mais est-il bien raisonnable de créer un nouvel état-nation alors que le concept même est aujourd'hui perçu partout comme obsolète et dangereux? Ne serait-il pas meilleur que les cantons/districts/villes/arrondissements concernés, soient fédérés dans une structure ad-hoc, que j'appelle, sans grande originalité, "Euskal Herria" (le pays basque), ou en français l'Euscadie, et que l'Assemblée des provinces basques du Nord reçoive délégation de la région de rattachement —

aujourd'hui l'Aquitaine — pour résoudre ses problèmes spécifiques et particulièrement dialoguer avec les collectivités territoriales basques du Sud? En somme, ce serait le "département" demandé, mais avec davantage de pouvoir et de souplesse. Car, quel que soit le schéma finalement adopté, l'assemblée basque, devra en tout état de cause, disposer de pouvoirs supérieurs à ceux de l'actuel département.

Certes, il existe d'autres amorces de coopération transfrontalière entre régions, qui n'ont pas exigé de solution administrative particulière. Mais les régions concernées n'ont pas la spécificité culturelle du pays basque, ou bien ont une taille qui correspond mieux à leurs attributions et à leur définition générale (je pense à la Lorraine, à la Bretagne ou au Languedoc-Roussillon). Quant à la Corse, s'il est nécessaire de tenir compte du coût et des privilèges de l'insularité, il est probable que l'élargissement des compétences de toutes les régions, le renforcement de la démocratie locale et l'application générale du principe de subsidiarité permettront à sa structure administrative de ne plus se différencier de celle des autres régions françaises. Cet espoir vaut aussi, sans doute, pour les Départements et les Territoires d'outremer qui, malgré la pression de tierces puissances plus ou moins désintéressées, préféreront aménager que rompre leur association à la France continentale et à l'Europe.

L'essentiel est de rapprocher de l'électeur le centre des décisions qui le concernent directement, ce qui doit avoir pour effet de raviver sa motivation à participer aux élections régionales et locales, et, par voie de conséquence ou d'entraînement, à l'élection du

Parlement, qui, votant les lois, exprime la volonté nationale. La question de la structure du Parlement ne se pose pas véritablement: les expériences en France d'assemblée unique n'ont pas été bonnes, et il n'y a aucune raison de rejeter la tradition d'équilibre qui s'est instaurée entre une chambre haute et une chambre basse.

En revanche, le mode d'élection des parlementaires, et plus exactement des sénateurs, doit être reconsidéré. L'Assemblée Nationale, par tradition, représente les combats d'idées, et le Sénat les permanences d'intérêts. Il faut être bien ignorant, ou bien imprudent, pour contester la logique de ce double aspect de la représentation nationale.

Il est naturel que l'élection de l'Assemblée face une large place à la représentation proportionnelle, avec des corrections permettant d'éviter un trop grand émiettement, car on se souvient que c'est la multiplicité des partis et des combinaisons de partis qui a causé la chute — ou donné un prétexte à la chute — de la IVème République.

Il est tout aussi naturel que le Sénat soit élu au scrutin uninominal et sur une base territoriale. Actuellement il s'agit d'un scrutin indirect, et les sénateurs sont élus par un collège d'élus locaux — conseillers généraux et conseillers municipaux —. Cela semble être un point mineur de droit, une subtilité juridique avant tout utile à faire disserter les étudiants. C'est au contraire un point fondamental. Car ce suffrage indirect établit un lien entre les élections locales et les élections nationales, et fait participer les élus locaux à la souveraineté nationale. C'est essentiellement par ce lien que la Constitution actuelle interdit de donner le droit de vote aux étrangers résidant en France.

Le vote des étrangers est un sujet qu'on agite parfois devant l'opinion, une source inépuisable d'indignations républicaines et d'émotions démocratiques, un ressort pervers du débat politique. La solution de ce problème dépend de deux propositions apparemment contradictoires: D'une part, le suffrage universel fonde la souveraineté nationale, **donc** il ne peut être accordé à ceux qui sont étrangers à la nation. D'autre part, le suffrage universel est l'expression des besoins et des opinions de la population, **donc** on ne saurait en exclure quiconque vit et travaille au sein de cette population. Les deux thèses sont exactes, fondées, et également respectables, mais elles ne se situent pas dans le même plan.

La souveraineté nationale est exprimée par la loi. Le Parlement vote la loi, le Gouvernement l'exécute, et à ce niveau-là on voit mal quel argument permettrait de soutenir l'idée que les étrangers vivant en France puissent participer au pouvoir législatif comme au pouvoir exécutif.

La compétence des collectivités territoriales est d'une tout autre nature: elles gèrent l'aménagement du territoire, la solidarité sociale, la vie éducative et culturelle; elles représentent des bassins d'emploi, des espaces de développement économique, des espaces de vie et de mouvement. Aucun de leurs choix n'engage la souveraineté nationale. Tous leurs actes concernent l'ensemble des personnes qui vivent dans le pays. Quiconque y travaille, et y paie l'impôt, doit pouvoir participer à l'élaboration de ces choix, à la décision de ces actes..

Or l'élection du Sénat introduit un lien entre une assemblée municipale et la souveraineté nationale. Dans ces conditions, même si la population active de la commune comprend un quart d'étrangers, il ne peut être question de leur donner le droit de vote, alors pourtant qu'ils sont directement concernés et que peut-être, au Café du Commerce, on leur reproche de ne pas **"s'intégrer"** à la population autochtone. C'est évidemment absurde et la solution est dans une réforme du mode d'élection des sénateurs, qui conserve intact leur pouvoir, accroisse s'il se peut leur représentativité, et conserve à leur assemblée son caractère particulier. Ce n'est pas impossible.

On peut imaginer, par exemple, de faire élire les sénateurs au suffrage uninominal direct, par district(ou ville), de manière à conserver intact leur lien territorial.

Cela permettrait d'accorder enfin aux étrangers vivant en France, le droit de participer aux élections locales et régionales sur des bases logiques, honnêtes et démocratiques. Aujourd'hui, en effet, les traités fondateurs de l'Union Européenne prévoient l'octroi de ce droit, sur la base d'accords réciproques, à tous les citoyens des Etats membres de l'Union. En adoptant cette mesure, la France n'abandonnerait rien de sa souveraineté et ne ferait que se mettre à l'unisson de ceux de ses partenaires qui ont déjà franchi le pas. En ne la limitant pas aux ressortissants des Etats Européens, mais en l'étendant — toujours sur la base d'accords réciproques, bien entendu — à d'autres résidents étrangers, elle parviendrait, s'il en était besoin, à mieux leur faire accepter leurs devoirs vis-à-vis de leur collectivité d'accueil et à leur assurer, au bout du compte une meilleure intégration.

Il est un autre sujet qui donne lieu à des débats passionnés, montrant bien que les Français ne sont pas indifférents à leurs institutions: c'est l'usage du référendum. Lors de son accession au pouvoir, à la suite du coup d'état d'Alger du 13 mai 1958, Charles De Gaulle avait besoin d'une légitimité populaire qui ne pouvait lui venir des pouvoirs constitués de la République qu'il venait enterrer. L'acte constitutif du nouvel Etat fut donc un référendum. Il en usa avec habileté pour confirmer une dérive naturelle qui accroissait sans cesse le rôle du président de la République, non dans le sens de l'arbitrage mais dans celui de l'autorité. Ainsi, lorsque l'homme à la mesure de qui avait été taillée la fonction disparut de la scène politique, un pouvoir immense échut à ses successeurs.

La procédure du référendum, associée dans la mémoire politique au fameux dilemme: "moi ou le chaos", reste vaguement perçue comme un dernier moyen pour le Gouvernement de contourner les hésitations du Parlement et d'arracher au corps électoral l'affirmation de sa volonté souveraine. En même temps, elle est une menace régulièrement brandie par l'opposition pour contraindre le

Gouvernement à renoncer à ses choix, remettre en cause les décisions ou les indécisions du Parlement régulièrement élu et, ainsi, bloquer le mécanisme de la démocratie représentative et contester son principe.

La démocratie directe, par laquelle chaque citoyen est appelé à décider des actes ou des attitudes qui concernent l'ensemble, est, cela me paraît une évidence, l'idéal même de la démocratie. Ainsi a fonctionné, pendant un temps, la république athénienne. Mais elle était peu nombreuse. L'application de cet idéal à une nation de 60 millions d'habitants, dans une civilisation techniquement complexe, paraît dangereuse et difficile. La difficulté découle de l'impossibilité qu'il y a à assurer à chaque citoyen une information complète et objective du point soumis à référendum. Le danger est celui de la simplification démagogique.

Rien n'est simple en effet, et le choix même entre la paix et la guerre ne peut s'exprimer aussi simplement. On sait que, parfois, l'opinion publique s'égare. Ainsi un référendum en 1938 eût-il très probablement approuvé les accords de Munich.

A fortiori, lorsqu'il s'agit de résoudre les problèmes posés dans une société moderne par l'éducation des jeunes, l'administration de la justice, l'emploi, la défense, l'économie, l'aménagement du territoire ou la démographie, ne peut-on sérieusement attendre que le citoyen ordinaire — fût-il lecteur assidu du quotidien réputé le plus sérieux — ait la possibilité de saisir toutes les implications de sa décision. Les parlementaires eux-mêmes qui n'ont d'autre souci, à part celui de leur réélection, que de légiférer et de contrôler l'action du gouvernement, doivent s'en remettre pour l'essentiel aux travaux des Commissions.

On est donc conduit à simplifier la question qui est posée au corps électoral. La plus ou moins grande habileté avec laquelle cette question aura été rédigée ne sera pas moins importante, pour le résultat du vote, que le fond du sujet. Ainsi a-t-on pu discuter de l'opportunité de lier la réforme du Sénat à la décentralisation, lors du référendum de 1969 qui a conduit De Gaulle à la démission.

Cette simplification nécessaire des questions entraîne un risque majeur: celui de la démagogie. Demander au corps électoral s'il veut être riche et en bonne santé plutôt que pauvre et malade appelle une réponse évidente. Certes, les électeurs assistent au débat des chantres de l'une et l'autre cause. Mais que retirent-ils d'un échange d'arguments tronqués, souvent obscurs, où s'exprime avant tout la technique de persuasion des protagonistes? Ce n'est donc qu'avec la plus extrême prudence qu'on doit recourir au référendum national. Il s'agit là d'un acte particulièrement solennel — le plus solennel qui se puisse concevoir dans la démocratie — et qu'il ne faut ni galvauder ni laisser s'égarer.

L'exercice du référendum est assez comparable à celui de l'infaillibilité pontificale. Ni le pape dans son église, ni le peuple dans sa république, ne doivent être mis en situation de devoir se déjuger trop vite.

En revanche, s'il est un domaine où peut s'exercer

pleinement la démocratie directe, c'est celui de la vie pratique. S'il est un niveau où elle peut trouver sa plus grande efficacité, c'est le niveau local. Il n'y a aucun bon sens à demander à des millions d'électeurs de trancher sur la monnaie, le taux d'escompte ou les choix de la politique étrangère. Il y en a un très grand à demander aux habitants d'un hameau s'il faut ou non abattre le chêne au père Mathieu, à ceux d'une ville d'approuver le tracé de la nouvelle ligne de tramway. Or ni les communes, ni les départements ni les régions n'ont la possibilité de recourir à la procédure du référendum. Certes, le "public" est consulté avant toute décision d'aménagement. Mais cette consultation est purement administrative, et permet seulement d'opposer à une décision de principe des recours qui, traités dans les règles, ont avant tout pour effet de retarder longuement la réalisation ou l'arrêt du projet. Lorsqu'il s'agit, quelque part, de réaliser une autoroute ou un tunnel, ou de faire passer une voie de chemin de fer à grande vitesse, la procédure actuelle oppose la sérénité de l'Administration à l'enthousiasme des associations et à la puissance des groupes de pression. Selon qu'il est enclin à conforter ses fonctionnaires, à céder à la pression des intérêts ou à garantir ses positions électorales auprès des associations, le Gouvernement tranche, quitte à se déjuger si les rapports de force changent avant l'achèvement du chantier. Qu'au lieu d'une "enquête publique" on ait une campagne d'information régulière, un suffrage régional ou local clairement exprimé, et les décisions auraient au moins le mérite d'être claires. Une chose est d'aller déchiffrer le projet de modification du plan d'occupation des sols, dans le hall de la Mairie, après avoir lu un entrefilet dans le journal. Autre chose est d'être solennellement appelé à voter sur ce projet. D'ailleurs certains conseils municipaux ont déjà pris l'initiative de référendums consultatifs. Illégaux, parce que non prévus par la loi. La révision constitutionnelle n'aura de sens que si elle répond au besoin de clarté et de démocratie du corps électoral. Elle devra s'accompagner d'une réforme administrative en profondeur, qui rapproche l'administration des administrés et simplifie leurs rapports. Ce n'est plus le temps des subterfuges ni des réformettes de circonstance, conduites à grands frais et au prix de grands efforts, et vite enlisées dans le marais des habitudes. Nos institutions, rigides et obsolètes, sont vieilles de deux siècles et le "système D." cher au Français, ne suffit plus à faire fonctionner cette vieille machine politique rafistolée avec des bouts de ficelle juridiques.

Regardons autour de nous: la Grande-Bretagne elle-même, dont les institutions séculaires se sont toujours adaptées à la marche du temps, se lance dans une véritable révolution, en réformant la Chambre des Lords et en restaurant dans leurs prérogatives le Parlement d'Ecosse et l'assemblée galloise. L'Allemagne, l'Espagne, l'Italie ont des constitutions modernes, où une large part est faite à l'autonomie des régions. Rien de cela n'est gratuit: au sein de l'Union Européenne, le dialogue des régions souligne les convergences et les complémentarités, alors que la dialectique des États entretient les rivalités.

Est-il admissible que la France, crispée sur ses structures archaïques, se prive des possibilités d'ouverture que représente une véritable réforme institutionnelle? Devons-nous laisser nos partenaires nous montrer le chemin? Pire encore, nous entêterons-nous dans une orgueilleuse solitude? État centralisé, complexe, jaloux de ses prérogatives, tièdement soutenu par un électorat indifférent, comment pourrions-nous agir sur la construction européenne autrement qu'en l'alourdissant et en la ralentissant? En rapprochant de la base les centres de décision, en permettant à tous ceux qui vivent et travaillent sur notre territoire de participer pleinement aux décisions qui les concernent, nous reviendrons au contraire dans le peloton de tête des nations européennes. C'est la place de la France. Nous sommes au coeur de l'Europe. Nous avons contribué à la fonder. L'idée même de cette Europe est française. L'influence française s'y perdrait si nous ne mettions pas, très vite, notre appareil d'État en mesure de relever les nouveaux défis que nous pose l'Union.

6

CRÉDIBILISER LES FONCTIONS DE L'ÉTAT

On ne pourra moderniser l'appareil de l'État que si on le débarrasse de ses ambiguïtés et de ses obscurités. En définissant dans la transparence le partage des rôles entre le président de la République et le Gouvernement, en mettant un terme aux interactions entre la politique, l'administration et les entreprises, en faisant cesser la pratique du cumul des mandats, on créera les conditions du renouvellement et de l'élargissement de la classe politique rendus nécessaire par la désaffection des électeurs.

La constitution de la Vème République est un monstre juridique. Elle fait coexister un président élu au suffrage universel et un gouvernement responsable devant le Parlement. Mais elle organise leur coexistence dans des termes d'une rare ambiguïté. Le Président *"assure, par son arbitrage, le fonctionnement régulier des pouvoirs publics ainsi que la continuité de l'État"*, tandis que le Gouvernement "*détermine et conduit la politique de la nation*". Pour que le Président puisse arbitrer, il faut qu'il y ait la possibilité d'un conflit. Un conflit entre les deux chambres est d'avance réglé par la Constitution au profit de l'Assemblée. Le seul conflit possible est entre le Gouvernement et l'Assemblée. La seule décision d'arbitrage possible est le renvoi du Gouvernement ou la dissolution de l'Assemblée et le retour devant les urnes. Ce qui semble un choix simple

Cela semble simple, à condition que le Président puisse exercer librement son arbitrage, et par conséquent n'être d'aucun parti, ou être véritablement "*au-dessus des partis*", comme ses courtisans aimaient à définir De Gaulle. Or si De Gaulle disposait d'un prestige gagné quinze ans plus tôt à la tête de la Résistance, si Georges Pompidou pouvait encore se prévaloir d'un certain héritage, leurs successeurs ont dû admettre que seul l'appareil puissant d'un grand parti politique permettait de gagner une élection nationale au suffrage universel. Ainsi François Mitterrand dut-il d'abord réunir les socialistes, et s'emparer du parti socialiste, avant d'accéder à la magistrature suprême. Aujourd'hui, le Président reste lié au parti qui l'a fait élire, même si l'usage veut qu'il se proclame, au soir de son élection, "*le président de tous les Français*". Sa position d'arbitre est donc considérablement fragilisée, et une certaine logique aurait pu conduire à l'affaiblissement de ses pouvoirs.

C'est une autre logique qui a fonctionné, en sens contraire. On a vu apparaître une sorte d'exécutif bicéphale, aux réactions imprévisibles. Lorsque le

Président appartient au même parti que le Gouvernement, le Premier ministre doit accepter le risque d'apparaître comme l'exécuteur de ses oeuvres, une sorte de directeur de cabinet. Lorsqu'ils appartiennent à des partis opposés, ils disposent d'un potentiel de nuisance réciproque qui fait qu'à chacune de leurs interventions les observateurs guident les "petites phrases" révélatrices de leur désaccord. Car même lorsqu'ils partagent les mêmes analyses, ils se sentent obligés, par respect pour les militants de leur camp, de marquer une différence, et de montrer leur réserve réciproque. On s'est habitué, aux réunions européennes, à voir la France occuper deux sièges, mais cela n'élargit nullement l'assise de son influence.

La raison de cette situation étrange, et sans doute unique au monde, tient dans deux petites phrases de la Constitution qui stipulent que "le Président **négocie** les Traités" et que "le Président est le chef des Armées". Seul un juriste expert peut réconcilier ces dispositions avec celles qui fixent le rôle du Gouvernement et qui donnent au Premier Ministre la responsabilité de la Défense Nationale. Elles correspondaient à la préférence de De Gaulle pour les jeux de stratégie internationale et à son mépris pour "l'intendance" (entendant par là l'économie, l'administration, les infrastructures et en général tout ce qui fait la vie quotidienne des citoyens). Elles ont servi à édifier, sous son règne et celui de ses successeurs, ce qu'on appelle le "domaine réservé" du président de la République. Tous les candidats à la Présidence, tous les Premiers ministres, ont toujours affirmé que ce "domaine réservé" n'existait pas et ne devait pas exister.

Les présidents l'affirment encore une dernière fois, quelques heures après leur élection, et n'en parlent plus jamais. Mais la pratique demeure, telle qu'elle a été instaurée sous De Gaulle et rendue possible par la constitution de 1958.

La presse a beaucoup parlé des "dossiers africains". On sait que des "spécialistes", parfois de bonne foi, souvent proches du chef de l'État, excessivement compétents ou excessivement incompétents, quelquefois maladroits et toujours infaillibles, ont conseillé les présidents successifs, et on dit que leurs conseils ont, peut-être, eu des conséquences graves sur les relations franco-africaines et sur la situation même de certains pays africains. Il est tout à l'honneur de la République qu'une commission parlementaire ait enfin été saisie d'examiner les actes protégés par cette zone d'ombre. Il est profondément regrettable qu'on ait dû, pour ce faire, attendre le génocide du Rwanda, et la mise en cause de la France par des rumeurs venues du dehors.

Cela ne peut plus être accepté. Il ne faut pas que les interlocuteurs de la République puissent jouer des divergences possibles entre son Président et son Gouvernement. Il ne faut surtout pas que les actes publics, ou les actes privés à conséquence publique, de l'Exécutif puissent échapper au contrôle du Parlement. Le président des États-Unis rend compte au Congrès. Le président de la République française n'a de comptes à rendre à personne, qu'à l'ensemble du peuple français s'il se représente, et qui ne peut raisonnablement être tenu informé, en temps réel, de toutes les subtilités de la diplomatie d'État.

L'autre volet du "domaine réservé" présidentiel est celui de la Défense. Au coeur du domaine réservé du Président, il y a la décision d'emploi de l'arme nucléaire. Il le signifie au monde en se faisant suivre, dans tous ses déplacements les plus anodins, par un aide de camp chamarré, porteur d'une mallette dont il est laissé à l'imagination du public de conclure quels effets terribles produirait son ouverture. Ce symbole de la spécificité présidentielle convient mal au chef d'une démocratie pacifique. Il est vrai que la France étonne souvent les autres pays par son goût des parades militaires. Par quel mystère la Fête Nationale commémorant la prise de la Bastille et la Fête de la Fédération, doit-elle être marquée par un déploiement énorme de puissance guerrière, un gaspillage de moyens correspondant à une semaine d'entraînement? C'est une question à laquelle je n'ai pas de réponse. Après tout, elle n'a qu'un intérêt symbolique.

Si le chef de l'État était réellement "au-dessus des partis", ce serait un symbole heureux qu'il soit nominalement le chef des Armées. Dans la situation présente il n'y a qu'inconvénient à ce qu'il prétende peser directement sur leur commandement et leur instruction et le choix de leurs missions. On sait que l'engagement personnel de l'actuel président de la République a beaucoup compté dans le choix national d'abandonner la conscription. Bonne ou mauvaise, il me semble que cette décision a été bien rapidement obtenue, et sur des arguments incomplets. Le passage à l'armée de métier qui est en train de s'accomplir a certainement des avantages. Il a aussi le très grand inconvénient de soustraire — *de facto* sinon *de jure* — l'activité des forces au contrôle du Parlement. Certes, le Parlement seul peut décider de l'état de guerre, mais en temps de paix, — et les actions extérieures que mènent, en ce moment, les armées françaises, restent des actions de paix — les parlementaires, comme il est normal et juste, s'intéressent avant tout aux inquiétudes immédiates de leurs mandants. Si dans chaque famille d'électeurs il se trouve une personne susceptible d'être ou d'avoir été appelée sous les drapeaux, le Parlement s'émeut du fonctionnement et de la vie des armées. Sinon, il se satisfait vite des déclarations convenues du ministre. Une des causes de la déroute subie par l'armée française en Indochine est précisément dans l'indifférence, éprouvée par les élus et par le corps électoral en métropole, à l'égard d'un corps expéditionnaire entièrement composé d'engagés — et de troupes coloniales —. Sans contrôle parlementaire, le pouvoir d'intervention militaire extérieure du Président français est aujourd'hui, toutes proportions gardées, supérieur à celui du Président des États-Unis, dont l'action est puissamment contrôlée par le Congrès. Je ne vois pas ici le signe d'une démocratie avancée.

Peu à peu, le développement du "domaine réservé" a fait apparaître la notion qu'un régime dit présidentiel serait bon pour la France. Il serait au contraire désastreux. Aux États-Unis, qu'on cite toujours en exemple, le Président est le chef du gouvernement; il appartient à un parti qui le fait élire au suffrage universel et il n'est pas, au sens où nous l'entendons, responsable devant le Congrès. En revanche, les pouvoirs — financiers en particulier — du Congrès sont tels que les conflits entre l'Exécutif et le Législatif sont possibles et même fréquents, lorsque la majorité du Congrès est hostile au parti du Président. Ils se résolvent par la patience et la négociation, mais pendant le premier mandat de "Bill" Clinton, un blocage du Congrès avait réussi à placer toute l'administration fédérale en état de cessation de paiements. En France, le rôle du Président est actuellement d'arbitrer de tels conflits. Si une nouvelle constitution le plongeait dans l'arène en lui donnant la direction effective du gouvernement, nos comportements politiques, différents de ceux des Américains du Nord, créeraient un risque de guerre civile ou de paralysie de l'État. On objectera que de tels conflits seraient rares dès lors que le Président et l'Assemblée étaient élus ensemble, et pour une égale durée. Encore faudrait-il que la majorité fût large et cohérente, et on ne voit pas très bien, dans ce cas, comment pourrait s'établir le débat parlementaire, et comment l'Assemblée pourrait éviter de redevenir cette "assemblée de godillots" qu'elle fut un temps. Je n'y vois pas d'intérêt pour la démocratie, et il faut se garder de croire qu'il faille sacrifier la réalité du débat à l'illusion de l'efficacité.

L'article 16 de la constitution de 1958 accorde des pouvoirs exceptionnels au Président, en cas de crise très grave. Une telle disposition a certainement été utile à De Gaulle, non pour régler la crise algérienne, mais pour en étouffer les prolongements en métropole. Mais, pour reprendre l'expression d'Alain Peyrefitte: "*c'était De Gaulle*". A présent, la fonction présidentielle a définitivement perdu dans l'esprit des Français, par la force des choses, son caractère d'indépendance par rapport aux partis. Il n'y a donc aucune raison pour que les pouvoirs de l'article 16 soit dévolus au Président. Il y en a beaucoup au contraire, il me semble, pour qu'ils le soient au Premier ministre. Ils ne doivent en tout cas pas servir de prétexte à la création d'une sorte de cabinet fantôme à l'Elysée, dont le Président, hors de tout contrôle, pourrait jouer, selon son tempérament, avec le machiavélisme des vieux florentins ou la candeur de Bécassine.

Le domaine réservé, comme la "cellule antiterroriste", doivent appartenir au passé. Ni cavalier seul des affaires étrangères, ni simple figure emblématique inauguratrice de chrysanthèmes, le président de la République doit pouvoir jouer pleinement son rôle d'arbitre et laisser le Gouvernement... gouverner. Sa plus grave décision possible doit être de dissoudre l'Assemblée. Encore faut-il qu'il ne la prenne qu'à bon escient, et pour régler un conflit constaté. C'est faire trop bon marché du suffrage universel que de le remettre en cause par simple souci de stratégie politicienne.

Ainsi, le Président, libéré des querelles partisanes, sera-t-il mieux à même d'incarner la continuité de l'État. C'est à dire que son mandat doit s'inscrire dans la durée et dans la sérénité. Dans la durée: c'est peu de chose que cinq ans, la durée d'une législature, avec toujours la tentation d'associer ou d'opposer le chef de l'État au Gouvernement; dix ans c'est certainement trop, car les personnes vieillissent et les institutions s'enlisent dans la routine; *in medio stat virtus*. Dans la sérénité surtout: la possibilité d'un second mandat à la suite du premier est définitivement à écarter car il ne faut pas qu'à aucun moment, le souci de sa réélection puisse influer sur l'action du Président - ou qu'on puisse le penser, ce qui revient au même. En outre, on ne peut dire que les deux exemples de seconds mandats qui ont été observés sous la Vème République, celui de De Gaulle et celui de Mitterrand, aient laissé un bon souvenir à la France. Je serais donc partisan d'un mandat de sept ans, qui ne pourrait être renouvelé à la suite, et qui laisserait au Président tout le loisir d'être grand, si la grandeur était en lui.

Car, présidant le Conseil des ministres, détaché de tout souci électoral, le chef de l'État n'a pas besoin de pouvoirs particuliers pour exercer son influence. Et d'ailleurs, c'est sans doute dans des domaines où la Constitution ne leur donnait aucune autorité précise que les présidents de la Vème République ont eu l'action la plus constructive et la plus durable, en mettant à part le cas exceptionnel de Charles De Gaulle, impossible à reproduire. Le souvenir de Georges Pompidou vit par le centre d'art contemporain qui porte son nom. Valéry Giscard d'Estaing a voulu l'Institut du Monde Arabe. On devra à François Mitterrand le Grand Louvre, la Bibliothèque Nationale de France, la Grande Arche, l'Opéra-Bastille. Ces monuments, dont certains ont été et sont encore violemment contestés, sont, en tout cas, inscrits pour longtemps dans le paysage de Paris et portent témoignage de présidences assumées comme des règnes.

Il ne doit pas appartenir au Président de gouverner, par dessus, contre, ou à côté du Gouvernement. Il lui appartient d'être le gardien des institutions et des grands principes de la République. On lui demande d'être l'arbitre et le recours, et d'ailleurs chacun sait que parfois, des citoyens mécontents de l'administration s'adressent à lui qu'ils connaissent un peu et qu'ils ont élu, de préférence au Médiateur, qu'il a nommé et dont ils ont oublié le nom. On attend qu'il inspire, conseille, modère, incite, et laisse agir le Gouvernement. On attend qu'il incarne la grande tradition de la République. Il n'a pas besoin, pour cela, de disposer d'un pouvoir effectif aussi considérable et aussi exorbitant que celui que lui accorde la Constitution de 1958. Le roi d'Espagne a beaucoup moins de pouvoir, mais nul observateur ne niera que son influence, sa présence, et son attitude personnelle, ont joué un rôle décisif lorsque la jeune démocratie espagnole a craint de vaciller. Dans notre esprit, ce ne sont pas les formes de la démocratie qui importent, mais son essence même et la rigueur avec laquelle elle s'exerce, et la vigilance avec laquelle elle se défend.

En France comme ailleurs, la démocratie est constamment menacée par le sectarisme et le clientélisme. Le manque de transparence dans la nomination aux grands emplois publics, et la trop grande imbrication de la fonction publique avec la politique et avec les responsabilités économiques font naître le soupçon de l'indifférence et de la corruption. Aux États-Unis, il y a quatre ou cinq mille postes importants, où à chaque alternance le parti du nouveau Président installe des personnes à sa dévotion. C'est un principe reconnu, qu'on appelle le "*spoil system*" et qui est accepté parce que parfaitement clair et transparent. Cette règle n'est pas officiellement en vigueur en France, et la neutralité de l'administration est érigée ici en article de foi. La réalité est plus nuancée et l'opinion se laisse facilement convaincre que les hauts postes sont toujours dus à la faveur du Prince ou à de basses complaisances. En fait, les dignitaires de la République sont nommés par le Président, en Conseil des Ministres. Il serait sans doute bon que leur indépendance, comme celle des magistrats, soit garantie par le contrôle du Parlement. Personne ne songerait sans doute à trouver choquant que la nomination des secrétaires généraux des Ministères, du directeur du Trésor, du gouverneur de la banque de France, du chef d'État-major des Armées, etc., soit soumise à l'approbation d'une commission parlementaire, et une telle mesure ne pourrait que rehausser le prestige de l'action administrative de l'État. Le même souci de clarté doit faire cesser la confusion des genres qui s'est établie entre la haute fonction publique, la vie politique, et la vie des affaires, ainsi que l'accumulation des mandats par un petit nombre de représentants, qui entraîne l'électeur à douter de l'intégrité de l'engagement des élus devant leurs mandants.

Cette situation n'est pas neuve : l'osmose entre les affaires et la politique a constitué la plaie de la IIIème République ainsi que de la IVème, et l'osmose entre la politique et la fonction publique résulte de la création de l'École Nationale d'Administration après la Libération, comme un prolongement naturel de la technocratie pratiquée par le gouvernement de Vichy, et une continuation de l'École des Cadres d'Uriage. Un mot à ce propos sur la dérive technocratique et le type de compétence qu'on doit exiger d'un ministre.

Clémenceau — qui a dit beaucoup de choses — a dit que le ministère de la Guerre était une chose trop sérieuse pour être confiée aux militaires. Et de fait, si on oublie les secrétariats d'état anecdotiques du colonel De Gaulle et du général Bigeard, la tradition républicaine, depuis la guerre de 14, a soigneusement évité de confier à un officier le ministère chargé de la défense militaire. Il n'est pas bon, en effet, de confier la responsabilité politique d'un département à une personne qui, administrativement, appartient à ce département. Il ne convient pas qu'un juge soit Garde des Sceaux. Pourquoi conviendrait-il mieux qu'un employé des postes fût ministre des Postes, un professeur de collège ou d'université ministre de l'Éducation, un savant ministre de la Recherche? Jacques Chirac a été un excellent ministre de l'Agriculture sans avoir été jamais exploitant agricole. Toute personne portée à la tête d'un ministère qu'elle connaît trop bien, mais seulement sous un angle particulier, aura le jugement déformé par sa vision ancienne, et risque, plus ou moins consciemment, de se tromper dans les priorités de son action. La mainmise des anciens élèves de l'E.N.A. sur les postes de gouvernement, depuis quarante ans, a fait oublier que les qualités d'un administrateur ne sont pas les seules qu'on doive exiger d'un gouvernant. Et il n'y a pas de raison particulière qu'un fonctionnaire — dût-il appartenir à l'un des corps les plus respectables de l'élite française — se sente naturellement appelé à entrer dans un cabinet ministériel, à un autre titre que celui de conseiller technique. D'un ministre on attend qu'il fasse acte de politique, c'est à dire qu'il fasse des choix, prenne des décisions, donne les directives qui **exécutent** pour les affaires de son ressort la volonté des électeurs, qu'il s'explique, prenne ses responsabilités, et fasse accepter les compromis nécessaires entre le possible et le souhaitable. D'un fonctionnaire on attend qu'il **prépare** et qu'il **mette en oeuvre** les directives et les décisions de son ministre. Certains grands commis de l'État ont été de grands ministres. Beaucoup de ministres ont été grands sans avoir été fonctionnaires. Chacun son métier.

Il est certainement temps de renouveler le personnel politique de la France. D'autant plus que, lorsqu'un fonctionnaire entre en politique, il sait qu'en sortant, il retrouvera sa fonction, et ses annuités de service. Il y a là une sorte d'assurance-chômage qui éloigne en politique les industriels, les agriculteurs, les personnes qui par leur action contribuent au développement national, au lieu que les fonctionnaires le mesurent et le codifient. Tâche louable certes, tâche utile, tâche nécessaire indubitablement, mais qui tend à désincarner la société, et à la faire percevoir comme une simple abstraction réductible à quelques équations, à quelques propositions bien balancées. Il est certainement temps de définir un statut de l'élu, européen, national, régional ou local, qui assure l'égalité de tous devant les incertitudes du suffrage universel.

A l'avantage nécessaire que constituera ce statut, il faudra sans doute opposer une stricte réglementation des "pantouflages" et des "cumuls". Depuis quelques années, le passage de la vie politique ou administrative au monde des affaires est devenu une sorte de règle, au niveau des hautes responsabilités et des salaires élevés, sans que plus personne, sinon quelque journaliste — mal intentionné par hypothèse — s'émeuve de voir tel agent de l'État passer au service d'une entreprise qu'il a eu pendant plusieurs années mission de contrôler, et parfois revenir ensuite à un poste important de son administration d'origine. Cela, est-il besoin de le dire? n'est pas acceptable. Mais cette réforme nécessaire n'exige sans doute pas de définition constitutionnelle.

L'interdiction des cumuls de mandats, en revanche, a toute sa place dans les textes constitutifs de la République. Deux propositions simples et contradictoires conduisent le raisonnement dans ce domaine: D'abord, le travail des élus est complexe et absorbant; il n'est pas réaliste qu'ils cumulent les charges de deux· mandats. Ensuite, l'élu national, député ou sénateur, a besoin de rester en contact étroit avec la population, et c'est au niveau de la circonscription électorale que ce contact s'établit le mieux.

Il n'est pas sûr que l'exercice d'un mandat local ou régional soit le seul moyen de rester en contact avec les habitants d'une circonscription. Il est en revanche certain que les fonctions exécutives locales exigent une grande disponibilité "sur le terrain", qui est incompatible avec le travail parlementaire. Si donc les parlementaires et les conseillers régionaux tiennent à siéger dans les assemblées locales, qu'au moins il leur soit interdit d'y occuper des postes de responsabilité. Quant aux membres du gouvernement, il me semble que la question ne devrait même pas, en toute honnêteté, être posée. Ainsi doit finir le règne des "députés-maires" et des "sénateurs-maires", si profondément ancré dans nos habitudes, et parfois associé dans notre inconscient à des mécanismes occultes de pouvoir et d'influence. Ce sera un changement profond, qui entraînera sans doute un renouvellement du personnel politique, et on peut l'espérer, son ouverture à des catégories sociales actuellement sous-représentées. Aux femmes en particulier.Car, malgré des efforts des gouvernements successifs des deux dernières décennies, on ne peut que constater l'absence relative des femmes dans la vie politique, aussi bien dans les assemblées délibératives que dans les instances exécutives. Ce qui est parfaitement anormal, puisqu'elles représentent un peu plus de la moitié de la population. La solution à laquelle tous les responsables politiques semblent attachés, est celle des quotas: obliger, ou s'obliger, à ce que les listes de candidatures aux mandats électifs soient équitablement composées d'hommes et de femmes. Ce qui est absurde.

Tous les systèmes de quotas prétendant à assurer l'égalité ne font qu'entériner le principe d'inégalité. Cela s'est vérifié aux États-Unis avec les quotas raciaux. Les femmes ont le droit de voter et d'être élues depuis plus d'un demi-siècle, et ce n'est certainement pas en imposant des quotas qu'on améliorera leur intégration à la représentation nationale et au gouvernement. Cela constituerait d'ailleurs une régression, par rapport au principe d'égalité de tous devant la loi, puisque des hommes seraient à leur tour écartés de certaines fonctions en raison de leur qualité d'hommes.

Il est certain qu'une tradition misogyne, dans les hiérarchies partisanes et institutionnelles, constitue un obstacle à la carrière politique des femmes, mais ce tabou saute sans difficulté lorsqu'il y a une volonté sérieuse de le faire sauter, comme en témoigne l'expérience des femmes qui se sont fait un nom dans la politique française et qui ont su gagner l'estime et le respect des électeurs et de leurs collègues. Ce sont les femmes elles-mêmes qui doivent briser ce tabou et elles en ont le pouvoir. Et si leur capacité politique n'est pas à démontrer, c'est leur intérêt pour la chose publique qui est en cause.

Les Françaises ne sont pas inhibées par une structure familiale patriarcale, et les réussites spectaculaires de beaucoup d'entre elles dans beaucoup de domaines, réputés "masculins", prouvent abondamment qu'elles sont motivées pour des carrières très diverses et des responsabilités élevées qu'elles sont capables d'assumer avec talent. Personne n'en doute plus, sauf quelques vieux messieurs nostalgiques et quelques très jeunes gens. On accorde généralement aux femmes le goût du concret, un certain réalisme, une approche rigoureuse et méthodique des problèmes. Il est possible que beaucoup d'entre elles abandonnent aux hommes - plus ou moins consciemment - les chimères et les palabres à quoi la politique semble réduite.

Je ne parle pas du combat d'idées — car les militantes sont aussi énergiques, dévouées, enthousiastes, et, comme Judith et Antigone, elles font preuve parfois de plus d'abnégation que les militants — mais des constructions idéologiques et des combinaisons politiques éphémères. Si donc elles sont aujourd'hui si peu nombreuses en politique, c'est que la politique qu'on fait aujourd'hui ne les concerne pas. Celles qui ne se satisfont pas de tâches familiales préfèrent s'engager, soit dans une vie professionnelle créative, soit dans une vie associative d'impact social immédiat.

Il me paraît excessivement naïf de prétendre inscrire dans les textes l'égalité numérique des hommes et des femmes, comme celle des collectivités allogènes composant la nation. Le Gouvernement et le Parlement pourront bien imposer des quotas pour accélérer le renouvellement et la diversification nécessaires du personnel politique, l'essentiel sera toujours de rendre — d'abord — le métier politique crédible. Alors, j'en suis sûr, les femmes s'y intéresseront.

7

CRÉDIBILISER LA POLITIQUE

Si l'amélioration de la vie publique française passe nécessairement par la réforme des institutions, celle-ci sera inutile si elle n'est pas accompagnée d'une profonde réforme de la politique elle-même, c'est à dire des choix faits par les représentants du peuple pour répondre aux aspirations des citoyens et leur assurer les services qu'ils attendent de l'État.

Les Français attendent beaucoup de l'État — et lui donnent beaucoup —. La fonction publique bénéficie encore largement du prestige construit depuis la IIIème République à partir du schéma classique de promotion sociale en trois générations: paysan — instituteur — haut fonctionnaire ou ministre, illustré en particulier par la carrière exemplaire de Georges Pompidou. Mais ce prestige est sur son déclin, et les privilèges du fonctionnaire sont de plus en plus contestés, à mesure d'ailleurs qu'ils se sont amenuisés. Après deux siècles de république centralisée prolongeant huit siècles de monarchie capétienne, le Français a pris l'habitude de s'adresser à l'État pour la réalisation de tous ses projets, et de grogner contre lui quand il se met, si peu que ce soit, en travers de ses initiatives. Cette contradiction, assumée avec aplomb par un peuple qui se prétend cartésien et se pense le plus logique de la terre, ne pourra plus être entretenue bien longtemps.

Car, depuis un quart de siècle, grâce à la globalisation de l'information, le citoyen mesure mieux les limites du pouvoir d'un État toujours plus présent, et découvre un univers où ses anciens repères ne suffisent plus à l'orienter.

Chacun peut constater qu'aucun gouvernement ne détient de "recette miracle" du bonheur de son peuple, et qu'il existe d'autres structures de pouvoir aussi puissantes que les Etats, et parfois davantage. Le poids des grandes entreprises capitalistes ne pèse plus seulement sur les "républiques bananières" mais sur tous les pays du monde; un gouvernement comblera de politesses le président de Toyota annonçant l'ouverture d'une usine en France, mais Renault n'aura aucun égard pour le gouvernement belge en annonçant la fermeture de son usine de Vilvoorde.

En même temps, chacun apprend à connaître les aspects les plus sombres de la raison d'État. On savait que, les hommes étant faillibles et les politiciens étant des hommes, les politiciens pouvaient faillir. Depuis

Suez, Panama et la mort de Félix Faure, les Français n'espéraient plus trouver chez leurs représentants plus de vertu qu'ils n'en avaient eux-mêmes, et les trafics de piastres, les "ballets roses", les fructueuses opérations immobilières, n'attiraient guère qu'un haussement d'épaules et un jugement méprisant — sur qui s'était fait prendre —. Mais ils n'étaient pas prêts à accepter que l'État, cet être impersonnel, mythique et glorifié, puisse commettre de véritables crapuleries sous le couvert abusif du bien public.

Longtemps, ces actes par lesquels le Gouvernement violait son propre code avaient bénéficié de la logique du moindre mal, une logique de guerre, par laquelle on accepte que certains soient sacrifiés pour défendre les autres. C'est par cette logique que le capitaine Dreyfus a été condamné deux fois. C'est par cette logique que Pétain, vingt ans après avoir gagné l'estime de l'armée française en la décimant, a convaincu la France d'ajouter à la honte de la capitulation l'ignominie de la collaboration. Mais avec le temps, cette logique a cessé de fonctionner et la raison d'État ne peut plus convaincre personne depuis l'affaire du "Rainbow Warrior" et depuis l'affaire du sang contaminé. Depuis l'affaire des écoutes téléphoniques de l'Elysée, elle peut être ressentie par tous comme une menace.

Dans l'attentat d'Auckland, non seulement l'État s'est fait prendre la main dans le sac, mais il a causé la mort d'un innocent photographe, et porté atteinte à une cause difficilement haïssable. Les Français n'ont guère apprécié l'embarras et les bafouillements de leurs plus hauts représentants, qui se sont ridiculisés là devant le monde entier. Lorsqu'ensuite ils ont estimé qu'on avait fait bon marché de leur santé pour de vagues raisons de propriété industrielle et de concurrence économique, ils ont compris que l'État, lorsqu'il n'était plus contrôlé, pouvait devenir une terrifiante machine, et broyer ceux-là même qu'il était censé servir. Lorsqu'enfin, ils ont appris que, s'abritant derrière les caprices d'un vieillard malade, les fonctionnaires du Gouvernement pouvaient les espionner dans leur vie privée et sans le moindre contrôle judiciaire, ils ont eu toutes les raisons de contester l'intervention constante et pesante de l'État dans leurs existences.

Jusqu'à présent, l'État, à la fois gendarme et providence, était réputé source de progrès social et de progrès économique. Tous payaient l'impôt, mais le citoyen recevait des allocations et l'entrepreneur des subventions, des commandes et des garanties. Chacun criait à l'injustice, mais à une injustice modérée, qui se corrigeait elle-même par d'autres injustices, et par l'espoir que la prochaine élection porterait au pouvoir les hommes sages, vertueux et habiles qui tiendraient toutes leurs promesses de campagne et feraient pleuvoir du ciel des alouettes rôties. Les effets de l'étrange dissolution de l'Assemblée en 1997 ont montré, et largement, que les gouvernements passaient et que la crise demeurait.

La mise en place de l'Union Européenne, qui a fait apparaître des discordances désagréables dans tous les partis politiques, et qui a donné lieu à une grande surenchère de démagogie, a renforcé la méfiance du citoyen à l'égard d'une technostructure lointaine.

L'Europe est perçue arbitraire, centralisatrice et totalitaire parce qu'elle s'est particulièrement développée sous l'influence d'un haut-fonctionnaire français — Jacques Delors — et parce que la France, au premier rang des états fondateurs, s'est toujours opposée à une dérive fédéraliste qui, en donnant davantage de pouvoir au parlement européen, aurait soumis la commission à un contrôle démocratique plus direct. Désormais, le Français a toutes les raisons d'exiger des comptes de l'État, et de faire un bilan de ce qu'il lui donne et de ce qu'il doit en recevoir. L'État aujourd'hui se mêle de beaucoup de choses, mais ne semble pas toujours respecter les clauses fondamentales du contrat social.

L'histoire des rapports des Français avec l'État remonte à Saint Louis, et à la justice que chaque sujet attendait du roi, que l'imagerie populaire nous montre encore siégeant sous son chêne. Une égale et prompte justice pour tous, et la paix dans la cité, c'est en effet le moins qu'on puisse demander à un gouvernement. Or le citoyen d'aujourd'hui n'a pas toujours le sentiment d'être entendu sur ce sujet. Des tribunaux manquent de magistrats, de locaux, de matériel, et l'on voit traîner interminablement des affaires, peut-être banales et même triviales au regard des lois, mais qui pèsent lourdement sur l'existence des parties en cause. Aucune déclaration solennelle de l'indépendance des juges, aucune réforme du conseil supérieur de la magistrature, ne suffira à restaurer la dignité du pouvoir judiciaire, qui dépend avant tout de la volonté des deux autres pouvoirs, exprimée, tout simplement, en termes budgétaires.

Quant à la paix civile, ou à l'ordre public, les Français, qui disposent de l'appareil policier le plus nombreux et le plus visible d'Europe, placent la violence quotidienne au premier rang de leurs préoccupations, et réclament toujours plus de sécurité. On sait depuis longtemps qu'en matière de petite délinquance et de délinquance des jeunes, il faut associer et coordonner la prévention et la répression. On les a, en fait, trop longtemps dissociées, chargeant de l'une les forces de police et de l'autre les structures, publiques et associatives, d'accueil, de soutien, de formation et d'animation. A cause de cette politique, les deux types d'action sont souvent perçus comme antagonistes, alors qu'ils sont évidemment — et nécessairement — complémentaires. Un effort courageux et intelligent semble avoir été récemment entrepris, pour développer le rôle dissuasif et préventif de la police à côté de son rôle répressif. On ne peut attendre que du bien de ce travail de rationalisation, de réorganisation, de répartition des tâches entre les différents services ainsi que de formation des personnels, à condition qu'il soit poursuivi pendant et au delà de la législature, et donc qu'il représente un choix clairement exprimé en termes budgétaires. Il n'est d'ailleurs pas certain que cette réforme suffise à faire disparaître le sentiment d'insécurité de la population. Plusieurs études ont en effet établi que ce sentiment se développait largement en marge des faits réels de violence. Il n'est pas lié non plus, comme prétendent le faire croire les techniciens de la zizanie et les propagandistes de la haine, à la présence d'une excessive population allogène, car les sondages et les élections le montrent très présent dans des zones où la présence étrangère est infime.

La crainte profonde des Français porte avant tout sur un avenir que personne ne peut leur dessiner clairement, et auquel ils sont de moins en moins sûrs d'être préparés, et de pouvoir préparer leurs enfants. De l'accroissement prodigieux des possibilités humaines, au cours des dernières décennies, ils ne voient que le raccourcissement des distances et "le début du monde fini". Leurs certitudes se sont évanouies au long de ce XXème siècle qui s'achève, et c'est aujourd'hui "la peur de manquer", si profondément ancrée dans notre inconscient de paysans, qui les tenaille. Ils voient mieux la fragilité du système que sa force et voient grandir, avec le chômage et le déficit de la sécurité sociale, les risques de paupérisation et d'exclusion.

Une telle inquiétude, dans un des pays les plus riches du monde, a certainement quelque chose de choquant, et l'État faillirait à sa mission s'il ne parvenait pas à la réduire, en ajustant d'une part les mécanismes de la solidarité, en facilitant d'autre part le fonctionnement de l'économie.

La France dispose d'un des meilleurs systèmes de couverture sociale, dont la supériorité repose sur la gestion paritaire et le principe de solidarité. Deux facteurs irréversibles le mettent en danger: l'allongement de la durée de la vie et le raccourcissement de la durée du travail. Il s'agit là de tendances irréversibles, sauf à ce qu'une catastrophe planétaire bouleverse les données actuelles de la biologie et de la productivité. On peut accepter qu'une certaine part de capitalisation intervienne dans le financement des régimes de retraite, sous la forme de retraites complémentaires et de fonds de pensions garantis par l'État. On ne peut accepter que la capitalisation intervienne dans l'assurance maladie, rendant les Français inégaux devant la santé.

Ce dossier est sans doute le plus difficile à traiter, et beaucoup de gouvernements se sont montrés impuissants à le faire. Il s'agit cependant d'un point fondamental, qui ne doit pas être perçu en termes de "trou à combler", mais de "service à assurer". Il est, en particulier, inadmissible, que des habitants de ce pays, aux prises avec des difficultés exprimées en termes de perte d'emploi, perte de logement, destruction de la cellule familiale, dégradation du statut social, puissent être exclus de toute couverture sociale et dépendre, pour leur santé, d'organismes caritatifs.

Placer les citoyens en position d'égalité devant la maladie est une de ces missions que l'État seul peut remplir, et qu'aucun organe social ne peut remplir à sa place.

Il n'est pas sûr, en revanche, que l'État soit en mesure d'exercer, sur l'économie, une action directe dont l'efficacité soit proportionnelle aux moyens qu'il engage, et au discours qu'il tient. L'échec final de l'Union Soviétique et de ses satellites a tragiquement montré les limites de l'étatisme.

L'histoire récente du Crédit Lyonnais a montré que, même en intervenant dans un système ouvert, l'État n'était pas un entrepreneur infaillible, et que les plus brillants hauts fonctionnaires n'étaient pas forcément les meilleurs hommes d'affaires.

Certes, l'État est toujours un employeur désirable, pour ceux qui attendent la stabilité, la sécurité de l'emploi. Mais, en termes de salaires, en termes de conditions de travail et de qualité de vie, en termes de souplesse, il est de moins en moins perçu comme le meilleur employeur possible. A l'exception des catégories de personnels ayant vocation pour un service public clairement défini et nettement motivant, les agents de l'État n'ont que peu de raisons de se louer de leur qualité de fonctionnaires, qui leur vaut pourtant bien des envies et des comparaisons acrimonieuses. Pour répondre à ses missions, dans certains domaines précisément identifiables, l'État doit mener une politique de formation, de qualification et de recrutement à long terme. Mais il n'est certainement pas souhaitable de gonfler à toute occasion les effectifs de fonctionnaires généralistes — titulaires, stagiaires, temporaires ou autres —.

Certes, l'État est seul à pouvoir débloquer rapidement les crédits nécessaires à des dizaines de milliers d'embauches, et à pouvoir inventer des postes de travail sans rentabilité économique pour compenser les lacunes de son appareil. Et dans une situation d'urgence il est bon qu'il le fasse. Mais il est dangereux d'en faire une habitude et une règle, et surtout de détourner vers ces actions — nécessairement à court terme — des crédits qui seraient plus utiles ailleurs. Le plein emploi ne peut résulter que de la création de richesse et de l'activité des agents économiques et ce n'est certainement pas en employant lui-même les chômeurs que l'État fera disparaître le chômage.

Ce n'est pas non plus en réduisant la durée du travail par voie d'autorité, car une telle idée est à la fois archaïque, et fausse, car elle ne tient pas compte de la différenciation des postes de travail.

L'augmentation constante de la productivité, qui vient grâce à la robotique de faire un nouveau bond en avant, appelle comme conséquence, arithmétiquement incontestable, la réduction du travail nécessaire à la satisfaction des besoins de production. Et il y a une continuité conceptuelle indiscutable entre le repos dominical, qui n'a pu être arraché jadis que par le poids de la tradition judéo-chrétienne, la semaine de quarante heures et les congés pays, victoire en France du Front Populaire, et la double revendication actuelle de l'abaissement de l'âge de la retraite et de la semaine de 35 heures. Mais il y a aussi une logique indiscutable dans l'idée que dans une société du libre-échange mondial — dont les bienfaits en termes de consommation et de prix sont indéniables — il est dangereux de prétendre imposer aux entreprises d'un pays des règles qui pénalisent leur compétitivité, et qui ne soient pas applicables à leurs concurrentes.

On ne peut fonder le progrès sur la notion de répartition de la pénurie, essentiellement malthusienne parce qu'elle repose sur une idée catastrophique du monde fini dont nous savons aujourd'hui qu'elle était fausse au moment de sa conception, et qui n'est sans doute pas plus vraie aujourd'hui.

Certes, il y a quelque chose d'intellectuellement satisfaisant dans l'arrêt d'une évolution technique ressentie comme absurde et douloureuse. C'est le rêve de "l'an 01" cher à tous ceux dont la culture reconnaît les valeurs de mai 68. Mais c'est une satisfaction illusoire, car elle ne tient aucun compte du fait que des milliards d'êtres humains désirent connaître, comme bienfaisante et bonne, cette évolution qui paraît dérisoire et malsaine, mais qui différencie ceux qui ont pour vivre quelques milliers d'euros par an et ceux qui en espèrent au mieux quelques centaines.

Il n'appartient pas à l'État de dicter des règles de détail -*de minimis non curat praetor*, disait un de mes vieux maîtres- et de s'immiscer dans le fonctionnement des entreprises. L'idée qu'une règle de trois permette de créer des emplois en réduisant le temps de travail des employés est d'une telle naïveté, elle révèle un tel mépris des travailleurs, en les réduisant à une valeur arithmétique, comme si trente cinq professeurs de grec plus quatre professeurs de mathématiques équivalaient à trente neuf terrassiers, eux-mêmes équivalant à dix-sept laborantins et vingt-deux agents de police. Elle est pourtant tout à fait réaliste dans certaines entreprises et dans certains secteurs. Que l'État, donc, incite les entreprises à rechercher cette solution, à adapter cette formule, fort bien! Mais l'idée d'une loi générale relève d'une candeur jacobine aujourd'hui dépassée.

Il appartient en revanche à l'État de défendre les entreprises industrielles, commerciales et agricoles, contre les entreprises concurrentes, à l'extérieur du pays et surtout à l'extérieur de l'Europe. Il lui appartient de veiller à ce que les exigences du patronat n'écrasent pas les intérêts des travailleurs, mais aussi à ce que les exigences des uns et des autres n'empiètent pas sur les droits de tous. Il appartient en à l'État de veiller à ce que les négociations entre salariés et patronat se déroulent correctement, et sans pressions inadmissibles de part ni d'autre. Il ne lui appartient certainement pas de prendre dans ce débat une autre position que celle de modérateur, et de contrarier une synthèse ébauchée entre les parties. Imagine-t-on le président Clinton rejeter un accord survenu entre l'Autorité palestinienne et l'état d'Israël?

Il pourrait appartenir à l'État de sanctionner plus sévèrement la mauvaise gestion et la gestion frauduleuse de ceux qui, par des manoeuvres d'opportunité entachées d'incompétence ou d'indifférence, mettent en péril non seulement le capital de leurs actionnaires mais l'emploi de leurs travailleurs. Il appartient certainement à l'État de favoriser l'évolution des structures économiques, de faciliter la flexibilité et l'adaptabilité des entreprises, les mutations d'emploi, le licenciement justement compensé, et finalement l'embauche.

Il appartient aussi à la puissance publique - État et collectivités territoriales - d'aménager le territoire pour permettre aux entreprises de disposer des ressources nécessaires pour produire et distribuer, et ainsi créer de la richesse. Le réseau énergétique, le réseau routier, le réseau ferré, le réseau fluvial, les plates-formes de fret ou d'interconnexion du transport de passagers, le réseau de communication, voilà ce qu'il appartient à l'État de développer, en lançant de grands chantiers qui créeront à la fois des emplois immédiats, et des emplois futurs. C'est d'ailleurs à l'échelle européenne qu'il faut désormais penser l'aménagement du territoire, et peut-être regrettera-t-on un jour qu'une conception mesquinement comptable, dans plusieurs pays, ait fait revoir à la baisse le plan de grands travaux proposé naguère par M. Jacques Santer. Une vision trop étriquée de l'avenir est toujours mauvaise, et le rôle de l'État doit être de permettre aux entreprises de se développer, de se diversifier, de se moderniser, d'innover, de mieux respecter l'environnement, en favorisant la modernisation de l'infrastructure du pays. C'est en donnant aux entreprises le meilleur cadre matériel, le meilleur cadre financier et le meilleur cadre juridique possible que l'État pourra le plus efficacement combattre le chômage.

Mais cela ne suffira pas, car "il n'est de richesse que d'hommes", et l'État devra s'attacher à développer la force de travail et de création capable d'animer ces entreprises, d'utiliser cette infrastructure, de profiter de ce progrès. L'éducation, au sens le plus large du terme, est une des missions fondamentales d'un état démocratique.

L'éducation seule permet de réaliser l'égalité réelle, c'est à dire la possibilité pour chacun de réaliser son potentiel indépendamment de la fortune, de la naissance, ou de l'appartenance à un clan. Pour atteindre cet objectif, il faut des locaux, des moyens techniques, des enseignants, et une véritable politique à long terme d'éducation, qui donne aux jeunes les meilleurs chances de s'employer. Ce qui suppose, de la part du gouvernement et des collectivités territoriales, qui partagent et doivent toujours partager la responsabilité de la politique d'éducation, non pas une vision à court terme d'adéquation des formations aux besoins immédiats des entreprises, comme cela a été esquissé pendant la deuxième moitié des années 70, mais une perspective à long terme donnant aux jeunes les moyens de l'adaptation et de la reconversion, et l'armature de caractère nécessaire pour affronter l'avenir. Car il y a infiniment peu de probabilité qu'on puisse, désormais, "faire carrière" jusqu'à sa retraite dans la même entreprise, dans des emplois découlant naturellement les uns des autres, comme on pouvait le faire au début du XXème siècle.

Cela suppose une "culture générale", sans doute différente de celle qui était à la base de l'Instruction Publique du siècle dernier — qui a donné à la France des générations d'élites républicaines — mais, comme elle, fondée sur les valeurs essentielles du civisme et de la tolérance, de la capacité d'apprendre, de la curiosité scientifique et de l'esprit critique. Une culture générale qui permette aussi d'avoir des loisirs actifs et d'occuper de façon constructive les longues années qui suivront le dernier emploi.

Cela suppose un éventail aussi large que possible de formations, permettant à chacun de trouver sa voie dans sa différence, car ce n'est que dans le foisonnement des recherches et des activités que se fera le progrès, dans la satisfaction de toutes les motivations légitimes.

Cela suppose enfin une possibilité de formation continue et de remise en cause permanente, qui est, certes, amorcée, mais qui est encore loin d'être entrée dans les habitudes, en particulier de ceux qui en ont le plus besoin, et qui considèrent souvent ces moyens nécessaires de promotion et de reconversion comme de simples palliatifs à la disparition d'un emploi que — et c'est bien naturel — ils auraient voulu voir pérenniser.

Il est légitime que les citoyens revendiquent le droit à la vie et à la santé, le droit à la sécurité et à l'éducation, le droit au travail et la liberté d'entreprendre. Et nous pouvons constater chaque jour, par l'observation des faits et l'écoute des revendications, que les Français ont aujourd'hui quelques raisons d'exiger de l'État un plus grand effort pour garantir leurs droits et leurs libertés.

Mais la pression fiscale est déjà difficilement tolérable et on ne saurait envisager de l'accroître.

Il faut donc faire des choix, et si l'action de la puissance publique ne peut s'exercer à pleine force dans tous les azimuts, elle devra concentrer son effort sur ce qui lui est effectivement demandé, et le relâcher sur l'accessoire. Que l'État se désengage des secteurs où il n'a que faire, et qu'au contraire il s'investisse massivement là où on l'attend. Qu'il fasse preuve d'audace dans l'aménagement du territoire, de vision dans l'éducation, de sagesse et d'équité dans l'établissement de l'ordre public, qu'il assure à chaque habitant du pays la protection de tous ses droits. Qu'il cesse de contraindre et se borne à guider, conservant son intransigeance pour les grands principes, et laisse s'épanouir l'initiative des Français.

Il ne s'agit pas de réduire systématiquement le domaine de la puissance publique, mais de le définir et de distinguer les actions qui sont essentielles à la réalisation du contrat social, et les actions qui ont été rattachées au domaine public par une interprétation de circonstances qui peuvent et doivent être réexaminées. Si l'État, au lieu de se battre sur tous les fronts, tel Don Quichotte contre les moulins à vent de la modernité, économise ses forces et concentre ses moyens sur les seuls combats qu'il est essentiel qu'il gagne, alors la politique redeviendra crédible, et les Français s'y intéresseront à nouveau.

Il ne faut cependant attendre aucun miracle: malgré les rodomontades électorales, on sait bien que la marge de manoeuvre d'un gouvernement est faible. D'autant plus faible que sa masse est plus importante. Autrement dit, qu'on ne pilote pas de la même façon un semi-remorque et une voiture de rallye. Trop de paramètres entrent en jeu dans la course de l'État pour qu'on puisse la dévier brutalement sans risque d'accident. Il y a cependant des décisions de fond qui peuvent être prises, des orientations qui doivent être données, des dialogues qui doivent être engagés. Si l'on se réfère au passé, on voit que les Français peuvent pardonner beaucoup de choses à leurs gouvernants, sauf d'avoir été imprévoyants.

8

LE POSSIBLE, LE SOUHAITABLE ET LE NÉCESSAIRE

L'organisation des pouvoirs repose sur deux principes: la légitimité et l'efficacité. Quand la légitimité s'incarnait dans le monarque, l'efficacité exigeait qu'il s'entourât de conseillers, et qu'il déléguât une partie de son autorité à des ministres, à des intendants, à des gouverneurs. Lorsque la première République s'est instaurée, la centralisation monarchique était à peine achevée, la France était assiégée par une coalition de puissances qui, si elles avaient vaincu, auraient remis en cause l'unité nationale encore à peine esquissée.

La centralisation républicaine est née dans ces conditions, assurant la continuité d'un accident de l'histoire: la construction patiente de l'Hexagone français par des souverains têtus et des ministres obstinés. Napoléon I°, portant peut-être au plus haut degré le génie d'une île qui a fourni, depuis, tant de fonctionnaires, a doté la France d'un ensemble de structures administratives destinées à donner encore plus de rigueur et de solidité à l'édifice d'un Etat facilement policier. Sans Talleyrand et Metternich, sans l'hiver russe et les maquisards espagnols et portugais, sans le duc de Wellington, il aurait peut-être imposé son quadrillage préfectoral à l'Europe entière, préfigurant le cauchemar stalinien.

Près de deux siècles plus tard, les rigidités et les pesanteurs napoléoniennes continuent de figer la centralisation française. L'autorité est toujours à Paris. L'État, parfois, concède un peu d'autonomie aux échelons intermédiaires, et le débat entre "déconcentration" et "décentralisation" est un débat d'école qui n'oppose que des applications techniquement différentes d'un même concept. Le pouvoir s'abrite vite sous la définition de la République "une et indivisible" pour rester le maître du jeu, abstrait et absolu.

Aujourd'hui, pourtant, il est bien établi que la légitimité vient du peuple. Si l'efficacité demande que le peuple charge ses représentants de résoudre en son nom les difficultés que pose l'organisation de la cité, difficultés de plus en plus complexes et faisant appel à des techniques de plus en plus spécialisées, il est temps d'abandonner la pratique du pouvoir délégué "d'en haut". Cette pratique est dépassée, sauf pour les nostalgiques des pleins pouvoirs (remis à Bonaparte, à Pétain ou à De Gaulle) et les inconditionnels du totalitarisme. Elle est dépassée parce qu'entre 1789 et nos jours il s'est écoulé deux siècles et que le citoyen a accédé à une éducation et à une formation qui lui permettent de mieux participer au débat démocratique. Elle est inadaptée parce qu'elle ralentit la prise de décisions et parce qu'elle ne permet pas de tenir compte des diversités locales, au moment précisément où chaque groupe et chaque individu revendique le plus haut son droit à la différence.

Il est absurde de s'entêter à appliquer un principe vieux de huit siècles, et aujourd'hui périmé. Le pouvoir réside dans l'assemblée des citoyens, qui délèguent ce pouvoir, pour des raisons d'efficacité, à quelques-uns d'entre eux qui assument la responsabilité d'une gestion des intérêts communs.

La logique d'une véritable démocratie voudrait que les plus petites assemblées, les plus petites communautés, décident de leurs affaires les plus simples, les plus élémentaires, et ne fassent remonter à une communauté plus nombreuse, à un échelon plus élevé, que les affaires qui ne les concernent pas seules, ou que leurs moyens limités ne leur permettent pas de traiter seules. C'est le principe dit de *subsidiarité*, qui alimente tout le débat de la construction européenne. La communauté la plus large et la plus lointaine ne se substitue à la communauté plus proche et plus réduite que lorsque celle-ci atteint la limite de ses capacités d'action. Ainsi, de proche en proche, de la commune à la région, et ainsi de suite jusqu'à l'État et aux structures internationales. Aujourd'hui, au contraire, la pratique française tend à considérer que l'État ne fait que déléguer, tantôt vers le bas et les collectivités territoriales, tantôt vers le haut et les instances européennes, les affaires dont il consent à se dessaisir. Il est temps d'inverser cette tendance. Il n'y aurait là rien qui puisse faire la République moins une et moins indivisible. Le partage effectif des compétences ne serait peut-être pas très différent de ce qu'il est aujourd'hui, mais le changement serait dans l'exercice de ces compétences. Les assemblées locales auraient, sans doute, une conception plus forte de leur rôle, une volonté plus affirmée d'agir comme des centres autonomes de décision et non comme des relais de l'action politique nationale. Les choix locaux échapperaient plus facilement aux décisions prises et aux combinaisons échafaudées à Paris.

Certains partis politiques ont, cela est vrai, entrepris depuis plusieurs années un effort louable de démocratisation, et de consultation régulière des militants de la base. Mais les vieilles habitudes tiennent bon, et ce sont toujours les Comités, Conseils, Secrétariats, Directions et autres organes centraux qui choisissent, imposent, investissent, excluent ou pardonnent.

Il est difficile à l'observateur de comprendre qu'une candidature cantonale ou municipale puisse être imposée de l'extérieur, au besoin contre le vœu des militants de la circonscription concernée. Les militants ont sans doute encore plus de mal à l'admettre, et je ne crois pas que, sans ce changement profond de l'esprit et du principe de nos institutions et de notre vie politique, on puisse escompter un véritable regain d'intérêt des citoyens pour la chose publique.

Ces éléments de réflexion sont peut-être une utopie. Ils associent des thèmes revendiqués par des segments d'opinion différents et parfois antagonistes, et cette liberté paraîtra sans doute à quelques-uns un syncrétisme naïf. Beaucoup y verront une simple abstraction irréalisable. Refonder la constitution sur un principe nouveau, bouleverser la carte administrative, réorganiser les pouvoirs, toucher au mode d'élection des sénateurs... est-ce bien raisonnable?

La France est une énorme machine qui comprend soixante millions de rouages individuels et un nombre considérable de rouages institutionnels. Depuis la grande Révolution elle fonctionne sur le principe du centralisme jacobin et de l'opacité administrative. Il sera plus difficile de changer cela que de faire absorber du carburant sans plomb à une automobile qui n'a pas été conçue pour cela.

On dira que l'auteur ne tient aucun compte de la vie politique au quotidien. Militants et appareils, réseaux et habitudes existent. On ne saurait, d'un trait de plume, changer le combat des uns, retirer aux autres leurs privilèges.

Faire disparaître le département, réduire les charges des maires des petits communes, rassembler les responsabilités au niveau du groupement de communes, faire voter les étrangers aux élections locales, introduire le référendum local, réussir une véritable décentralisation, remplacer le principe de délégation par celui de subsidiarité, jouer enfin le jeu européen sans arrière-pensée, tout cela est difficile, et représente un bouleversement sans doute plus grand que l'abolition de la monarchie en 1792. Mais est-ce une raison pour y renoncer?

Une réforme institutionnelle aussi profonde ne saurait être la priorité du Gouvernement. Guidé par une Chambre élue pour pratiquer une certaine politique, celui-ci ne peut se laisser distraire de son projet, et doit consacrer toute son énergie à la recherche de résultats qu'il devra soumettre au corps électoral à la prochaine échéance. L'opposition n'aura peut-être pas trop de ce délai pour s'organiser.

Tout le monde semble s'accorder pour limiter la réforme à des aménagements de détail. Cette réflexion pousse au pessimisme, et donne tout lieu de penser que la constitution perverse de 1958 sera simplement rafistolée et repeinte, et qu'à la question mal posée du mandat présidentiel on obtiendra une réponse peu convaincue.

Rien n'aura été résolu. Les Français continueront de se désintéresser de leurs affaires, d'entendre des discours de démagogues et des exposés de technocrates, de considérer l'État comme un ennemi commun, et non comme l'émanation de tous, jusqu'au jour où quelque étincelle mettra le feu aux poudres, où un démagogue plus démagogue, assisté de technocrates plus technocrates, organisera la régression.

Veut-on vraiment risquer d'en arriver là?

Il y a dans ce pays des millions d'élus, de chefs d'entreprises, de responsables syndicaux et associatifs, de professionnels libéraux, d'intellectuels, de fonctionnaires. Tous, ils ont une vision quotidienne des dysfonctionnements de la République. Tous, ils peuvent être appelés à réfléchir à sa refondation. Tous, ils ont une contribution positive à apporter à la réflexion commune sur la démocratie. Il serait grave de ne pas les écouter.

Il est grandement temps de convoquer les États-Généraux. L'idée n'est pas nouvelle. Depuis quelques années, on a d'ailleurs multiplié cette démarche, dans tous les secteurs en difficulté ou à peu près, et avec des résultats divers. Le but de ces rassemblements était d'abord de désamorcer une bombe en écoutant les dynamiteurs potentiels, puis de résoudre isolément chaque cas, sans aucune vision d'ensemble, ou au contraire de prendre des mesures générales pour ne trouver que le plus petit dénominateur commun de ces problèmes.

Cette fois, c'est une autre démarche qui serait nécessaire. Les synthèses, horizontales et non plus verticales, se feraient d'abord au niveau des départements, puis des régions. Ainsi à chaque étage de la discussion, la communauté concernée pourrait-elle définir les responsabilités qu'elle souhaiterait assumer et celle qu'elle préférerait voir regroupées au dessus d'elle. Dans la relative sérénité assurée par la cohabitation forcée du Président de la République et du Gouvernement, cette large consultation pourrait, d'ici l'an 2002, conduire à l'exposé de principes clairs — aussi clairs que ceux qui sont issus des Cahiers de

Doléances de 1789 — qui permettront une véritable et profonde réforme des institutions et de la vie politique en France.

Les idées émises dans ce livre ne recueilleront peut être l'assentiment que d'une poignée de citoyens. Elles ne sont sans doute pas toutes bonnes, bien qu'elles soient le fruit d'une lente et longue réflexion, guidée par la volonté de ne pas voir ce pays s'enfoncer dans l'apathie ni dans la guerre civile, ses deux tentations permanentes. Au moins peuvent-elles alimenter le débat sur la refondation nécessaire de la République. Il me semble que le jeu en vaut la chandelle. Il me semble aussi que la France est capable de cette Révolution pacifique. Il me serait dur d'être détrompé.

avril 1998 - juillet 2000.

ET MAINTENANT ?
(postface)

Quinze ans ont passé. La France ne va pas mieux. La France est en guerre, sans bien savoir quel est son ennemi. Sa défense militaire, engagée sur de multiples fronts et dans les missions les plus variées, est au bord de l'épuisement. Des scandales à répétition, bien mis en scène par les réseaux d'information, ont encore amoindri la crédibilité de la classe politique. La démagogie et la soif de pouvoir ont transformé l'espace politique en une arène de jeux télévisés. Des personnages détestables et des mouvements réactionnaires utilisent la peur pour promouvoir des idées dans laquelle on le peut reconnaître la France – ni celle de De Gaulle, ni celle de Mitterrand, ni celle de Victor Hugo et de Voltaire. – celle qu'admire l'étranger. Celle que je connais et que j'ai servie.

Est-ce bien le moment de parler de révolution constitutionnelle ? N'y a-t'il pas de problèmes plus urgents à résoudre ? C'est sans doute ce que pense la majorité des Français, justement inquiets pour leur travail, leur santé, leur pouvoir d'achat, leur sécurité physique.

Les institutions sont l'outil qui permet à la nation d'agir. Les institutions actuelles ne fonctionnent plus. Le Président de la République lui-même le reconnaît en voulant aménager la Constitution pour faire des lois d'opportunité.

Jacques Chirac et Lionel Jospin n'ont pas saisi l'opportunité de refonder la République. Ainsi que cela avait été annoncé, le mandat du Président a été ramené à cinq ans. Ensuite, par un tour de passe-passe logique, l'élection des députés est devenue consécutive à l'élection présidentielle. Cessant d'être un organe de contrôle de l'action gouvernementale, l'Assemblée n'est plus « qu'un moyen pour le Président de conduire sa politique », le Gouvernement perdant le peu d'indépendance qui lui restait vis-à-vis du chef de l'Etat.

Elu sur un catalogue d'intentions, le Président gouverne sans autre contrepoids que le bruit de la rue. La Loi est désormais un cadre qu'on fabrique en fonction du règlement qu'on veut appliquer. Quant à la Constitution, elle se laisse manipuler en fonction de la Loi qu'on veut faire passer. C'est le monde à l'envers. Une constante dérive monarchique fait qu'aujourd'hui, Monsieur François Hollande est seul face à la rue, pour quelques mois encore.

Le Président tient sa légitimité du suffrage universel. 18 millions d'électeurs ont voté pour lui en 2012, soit 39% des inscrits, lui donnant une avance de 139.983

voix sur son rival. C'est-à-dire qu'il aurait suffi que soixante-dix mille électeurs changent d'avis pour qu'il ne soit pas élu. Sur une population de soixante-six millions. Cela, évidemment, donne beau jeu à ceux qui contestent son action, en oubliant que son prédécesseur n'avait pas été mieux élu.

Comme aurait dit ma grand-mère, il ne faut pas avoir fait Sciences-Po pour se rendre compte que ce régime est moribond, que ses institutions ne tiennent debout que par la force de l'habitude, et que si on ne fait rien, le pays sera placé devant l'alternative de l'anarchie ou de la dictature.

Voilà pourquoi il faut changer la Constitution. Maintenant. Avant que la crise ne devienne impossible à gérer. Des Révolutions ont permis à la France de progresser dans ses valeurs de liberté et d'égalité. Cela est vrai. Mais un peu de prévoyance aurait permis d'atteindre le même résultat sans écorner la fraternité. D'autres pays ont fait l'économie du sang versé. Les institutions nées dans la violence ne sont pas celles qui assurent une meilleure réconciliation nationale.

Parce que le gouvernement en place a – effectivement – des tâches prioritaires dont il ne saurait être distrait, il faut placer cette refonte constitutionnelle dans la perspective d'un calendrier raisonnable.

Voilà pourquoi il faut appeler les candidats à l'élection présidentielle de 2017 à prendre clairement position sur la nécessité d'une totale réforme de la Constitution et sur la méthodologie qu'ils emploieront pour définir cette nouvelle République.

Certains ont des idées bien arrêtées sur ce que devront être les nouvelles Institutions. Tout devra être discuté, expliqué, éclairci, et chaque argument devra être présenté sereinement au corps électoral. Un calendrier devra être établi, et l'engagement devra être pris – et tenu – de soumettre la nouvelle Constitution au référendum dans la dernière année du prochain mandat présidentiel.

La Constitution n'est pas un programme politique. Elle est le cadre dans lequel s'inscrivent la Loi et le Gouvernement. Elle doit organiser la démocratie et permettre l'efficacité. La tentation est toujours grande d'y inscrire autre chose que des principes et des mécanismes. Ce désir de bien faire conduit à l'erreur. La première constitution votée par les Portugais en 1976, dans la passion de la liberté retrouvée, comptait plus de trois cents articles. Elle s'est vite avérée paralysante.

Les Français aiment faire des lois – et s'amusent à les contourner. La constitution de 1958 établit une distinction nette entre le domaine de la loi et le domaine du règlement, entre ce qui doit être discuté au Parlement, et ce qui peut être traité par le Gouvernement sous le contrôle des Assemblées et du Conseil d'Etat. Il me semble que cet article 34 a été un peu perdu de vue dans la pratique et mériterait d'être restauré.

A condition, naturellement, que le Parlement puisse jouer son rôle naturel – qui est de faire les lois et d'en contrôler l'exécution, et non pas de « mettre en musique » sous forme législative ce que souhaite l'exécutif.

A condition qu'il y ait un gouvernement et non pas deux – c'est-à-dire que le « domaine réservé » du Président disparaisse et que son Cabinet ne soit plus un « gouvernement bis ». Un temps, il y a eu à l'Elysée un « conseiller-cheval », dont il est difficile d'imaginer le rôle, sachant que ces sympathiques équidés dépendent déjà du ministère de l'Agriculture et de celui des Sports... Tous les Présidents successifs sont tombés dans le même piège – celui du pouvoir personnel, et le raccourcissement de la durée du mandat, paradoxalement, a encore renforcé cette tendance autoritaire. Un candidat à la Présidence qui s'engagerait à réduire son Cabinet et à rendre au Gouvernement ses pouvoirs aurait mon suffrage !

A condition que le Parlement soit véritablement représentatif de la Nation. Le mode de scrutin actuel a été choisi pour assurer une majorité écrasante au parti au pouvoir. Le constituant de 1958 rêvait de faire alterner deux partis à la mode anglaise. Depuis, ce modèle anglais lui-même a cessé de fonctionner. Aujourd'hui, on craint de retrouver en France, en fait, le modèle du parlement portugais du XIXème siècle, où ce qu'on appelait le «*rotativisme*» se traduisait moins par une alternance d'idées que par des échanges de prébendes et de clientèles. Beaucoup souhaitent le retour à la représentation proportionnelle, mais ce retour se heurte à la résistance des appareils des partis, auxquels presque soixante ans de mauvaise pratique ont donné une importance excessive, au point qu'il arrive que le candidat député d'une circonscription de province soit désigné par un état-major parisien.

Chacun peut deviner les énormes difficultés que représente la refondation des structures de l'Etat.

Résistances, réticences, influences, vont jouer pour éviter, à la française, de « faire des vagues », et la tentation restera grande de « bricoler » la Vème République. Comme on le fait depuis 1962.

Elle était à la mesure exacte du général De Gaulle dont tout le monde se réclame, y compris les héritiers de ceux qui l'ont combattu. Depuis son départ en 1969 bien des choses ont changé dans le monde et en France. Au point que son successeur actuel juge insuffisants, pour faire face au terrorisme d'aujourd'hui, les moyens qui ont permis de surmonter le terrorisme de l'OAS à Paris, l'afflux des rapatriés, la crise de mai 68.

Il est plus urgent que jamais de **repenser la République**. La nouvelle Constitution doit être à la fois démocratique et efficace.

Elle doit être claire et définir les champs de responsabilité des institutions nationales et régionales, tout en insérant la France dans une vision futuriste du dispositif européen.

Elle doit permettre au gouvernement d'agir, au parlement de légiférer et de contrôler, au Président de représenter, indiscutablement, la nation dans son ensemble en cessant d'être perçu comme un chef de parti.

C'est un immense chantier qui doit s'ouvrir. Un chantier qui ne sera pas immédiatement populaire, parce que nous sommes en période de crise, et que la pression médiatique s'exerce dans le sens de l'urgence et non de la réflexion. C'est une tâche considérable, qui va dresser contre elle tous les conservatismes, tous les corporatismes construits depuis 1958. Pourtant il faut l'entreprendre, peut-être pour préserver notre peuple de la violence, sûrement pour sauver l'image d'une France moderne, démocratique et efficace.

Ce ne sont pas les idées qui manquent, m'a-t-on dit jadis, mais les personnes politiques capables de les mettre en œuvre.

Cette action nécessaire ne demande pas de moyens – elle demande seulement un engagement ferme et, comme aurait dit Danton : « de l'audace, encore de l'audace, toujours de l'audace… »

Jean Pailler

Mars 2016

L'AUTEUR

Jean Pailler est né au Maroc en 1941. Il a étudié à Sciences-Po de 1958 à 1962, enthousiasmé par des maîtres qui transmettaient la notion du service public, et suivant avec passion les débuts de la Vème République.

Attiré par un style de vie différent, et séduit par les concepts de la Défense Nationale définis à l'époque, il a choisi l'état d'officier de l'Armée de Terre. Après Saint-Cyr (promotion 64-66) il a consacré quelques années à la formation du contingent. De 1975 à 1979, attaché militaire adjoint à Lisbonne, il a observé l'action des Forces Armées portugaises dans la Révolution « des œillets » et entretenu la coopération militaire en matière d'instruction. Après un stage aux Etats-Unis et divers postes en métropole, il a été, de 1983 à 1986, chef de cours aux Ecoles de Coëtquidan.

Il a quitté l'Armée en 1990 pour se consacrer à l'écriture.

PUBLICATIONS

Ed. L'Harmattan
PORTUGAL: le printemps des capitaines
LA LIGNE BLEUE DES BALKANS
ISSA GHALIL

Ed. Atlantica
CHARLES Ier ROI DE PORTUGAL

Ed. Cylibris
ROSES DE RINGARDIE

Ed. Publibook
L'EXECUTEUR TESTAMENTAIRE
AUCUNE RENCONTRE N'EST LE FRUIT DU HASARD
THEOPHILE MARCHELOUP, LE NEGRE DE MOZART

Ed. Createspace/Amazon
ORIONDE ET LES SORTILEGES
LE SALAUD EXEMPLAIRE
UN JOLI COUP TORDU
CHOCMARRE
TREIZE histoires courtes
MA DERAISON (poèmes)
UNE FOURMI NOIRE
LA MARGINALE
LA DUCHESSE DE LA MANCHE
FIN DE REGNE (théâtre)

Written in English:
THE SINGAPORE CANE
MARIA PIA, the PRETENDER
HATE IS NO SOLUTION

www.ingramcontent.com/pod-product-compliance
Lightning Source LLC
Chambersburg PA
CBHW072136280526

45788CB00002B/658